EL LIBRO DE DATOS CURIOSOS DE LA SEGUNDA GUERRA MUNDIAL

Historias interesantes y hechos históricos de la Segunda Guerra Mundial

BILL O'NEILL

ISBN: 9781695994379

Copyright © 2017 by LAK Publishing

TODOS LOS DERECHOS RESERVADOS

Ninguna parte de este libro puede ser reproducida, almacenada o transmitida de ninguna forma ni por ningún medio electrónico, mecánico, fotocopiado, grabado, escaneado, u otro, sin el permiso por escrito del editor.

CONTENTS

INTRODUCCIÓN

¿Qué sabe usted acerca de la Segunda Guerra Mundial?

Conoce los grandes eventos: los Nazis, el ataque a *Pearl Harbour*, el Holocausto, Hiroshima. Apuesto a que conoce a los protagonistas principales: los Aliados (Gran Bretaña, Francia, Estados Unidos y la Unión Soviética, entre otros) y las Potencias del Eje (Alemania, Japón e Italia, entre otros). Sin duda, conoce usted a Adolf Hitler y, probablemente, haya escuchado de Winston Churchill, Joseph Stalin, Franklin Delano Roosevelt, Benito Mussolini y el emperador Hirohito.

Pero ¿se ha preguntado alguna vez quién comenzó la Segunda Guerra Mundial? ¿Qué sucedió realmente en el «Tercer Reich» de Hitler? ¿Por qué Francia tiene la fama de rendirse? ¿Por qué no debería invadir Rusia en invierno?

Si alguna vez ha tenido curiosidad sobre las respuestas a estas preguntas, o cientos de otras, acerca de la guerra más grande de la historia, entonces este libro es para usted. Está repleto de historias que harán que la historia cobre vida.

Este no es un libro de historia corriente. Le guiará a través de los principales acontecimientos y batallas de la Segunda Guerra Mundial, pero ¡no es solo una cronología de batallas, muertes y ancianos en trajes tomando decisiones sobre política! Este libro le enseñará todos los detalles fundamentales y hechos extraños que hicieron de la Segunda Guerra Mundial una guerra tan fascinante y peculiar. Para cuando acabe este libro, será un experto –y no solo de las partes de la guerra que su profesor de historia quería que supiera–.

La Segunda Guerra Mundial en sí solo duró seis años (aunque algunas personas dirían que duró catorce –¡y descubrirás por qué!–), pero aquí cubriremos casi un siglo de historia. Nos remontaremos a 1918 para explicar por qué Alemania estaba en tan mal estado que permitió que Adolf Hitler se convirtiera en dictador. También iremos hacia adelante, hasta 2017, para ver por qué Christopher Nolan ganó cuatrocientos mil millones de dólares con una película sobre una pequeña batalla.

Aunque este libro es, en su mayoría, cronológico, lo cual significa que comienza con el principio de la Segunda Guerra Mundial y termina con el final, vamos a dar saltos mientras hablamos sobre el inicio de la guerra, los países que tuvieron los roles más importantes, el fin de la guerra y, después, algunas curiosidades sobre cómo afectó la Segunda Guerra Mundial a la cultura –¡principalmente al mundo cinematográfico, que fue un tipo de medio de comunicación nuevo y emocionante durante la Segunda Guerra Mundial!–.

Este se divide en seis capítulos sencillos, cada uno con quince historias sobre el tema principal del capítulo. Se le presentarán personajes pintorescos, desde «el loco Jack» Churchill hasta Unity Mitford. También se le ayudará a entender la cruda realidad y la política lo suficientemente bien para hablar de ello en su próxima cena de gala o clase de historia. ¡Cada capítulo incluye, también, toda una sección repleta de curiosidades sorprendentes y breves para impresionar a sus amigos, y algunas preguntas desafiantes sobre cultura general para poner a prueba sus conocimientos!

Algunos de los hechos que está a punto de aprender son tristes. Algunos son escalofriantes. Algunos son sexis. ¡Y otros son sumamente extraños!

Así que, prepárese para descubrir…

¿Cuál soldado británico disparó a los alemanes con un arco y una flecha?

¿Por qué los Estados Unidos iban a mantenerse al margen de la guerra?

¿Cómo robaron los canadienses aviones para los británicos?

¿Qué tiene que ver un refresco de naranja con Hitler?

¡Y mucho, mucho más!

CAPÍTULO UNO:

EL COMIENZO
DE LA GUERRA

La Segunda Guerra Mundial comenzó en 1939, cuando Gran Bretaña y Francia declararon la guerra a Alemania. Sin embargo, la historia se remonta a mucho antes de eso, con dramatismo, mentiras e intrigas políticas. Probablemente sepa que Gran Bretaña y Francia declararon la guerra por los crímenes de guerra de los nazis, pero puede que no conozca lo que precedió a ello, por qué no se declaró antes la guerra, o incluso qué eran esos crímenes de guerra técnicamente. Continúe leyendo para conocer algunas curiosidades sobre los sucesos que condujeron a la guerra más mortífera en la historia de la humanidad.

La invasión de Manchuria

Si hablamos de la Segunda Guerra Mundial desde un punto de vista cronológico, tiene sentido no empezar en la Alemania nazi sino en Japón.

La Segunda Guerra Mundial en realidad comenzó con dos guerras diferentes que se unieron con el tiempo. La guerra en Europa tenía a Gran Bretaña, Francia y a la Unión Soviética (así como sus propiedades coloniales como Canadá y Australia) en un lado y a Alemania e Italia en el otro. Pero había otra guerra que comenzó un poco antes –en 1937, o quizás incluso desde 1931– y esa era la guerra del Pacífico. Esta guerra tenía a Japón en un lado y en el otro lado a China continental y con el tiempo a Estados Unidos.

El 18 de septiembre de 1931, el Imperio del Japón invadió Manchuria (una provincia en la frontera de China y Rusia) y conmocionó al mundo occidental con sus violentas tácticas de guerra. La Sociedad de las Naciones (la proto-ONU que se formó después de la Primera Guerra Mundial para intentar evitar que ocurriese otra guerra) intentó ordenar a Japón que detuviese la invasión, pero Japón los ignoró descaradamente. Resultó que la Sociedad de las Naciones estaba completamente impotente ante cualquier nación que decidiera desobedecer sus normas. La única consecuencia que la Sociedad de las Naciones podía exigir era remover a Japón de la Sociedad, lo cual no era consecuencia alguna en lo absoluto puesto que Japón no quería estar dentro de todas formas.

Mientras esto continuaba, otros líderes mundiales tomaban nota. Adolf Hitler se dio cuenta rápidamente de lo impotente que era la Sociedad de las Naciones ante la acción agresiva de otro país. No pasó mucho tiempo hasta que él tomó la iniciativa de Japón e invadió a sus propios vecinos sin miedo a represalias.

La Segunda Guerra Sino-japonesa

Japón continuó desde Manchuria hacia el resto de China en 1937, en lo que se llamó la Segunda Guerra Sino-japonesa. El éxito de Japón en invadir Manchuria y fundar un estado títere les dio la seguridad para avanzar hacia algunos de los puertos más grandes de China, como Pekín. La invasión que marca el comienzo de la Segunda Guerra Sino-japonesa ocurrió cuando los japoneses cruzaron el puente de Marco Polo hacia Pekín, capturando rápidamente las ciudades más grandes de la China continental.

El ejército japonés pronto llegó a Nankín, que era la capital de China en aquel momento. Durante seis semanas saquearon, violaron y mataron a civiles chinos. Los registros militares japoneses fueron destruidos inmediatamente después de la guerra, pero las estimaciones oscilan entre 40.000 y más de 300.000 muertos.

El censo de 1937 afirmó que la población de Nankín era de poco más de un millón de personas. Sin embargo, cuando se hizo evidente que Japón estaba planeando invadir, cientos de miles de ciudadanos huyeron de la ciudad. El número de civiles que se quedaron en Nankín en el momento de la masacre no se documentó, pero se estima que fueran entre 200.000 y 500.000 (sin contar a los soldados). Esto significa que entre una décima parte de las personas que quedaban hasta prácticamente el 100% de la ciudad pudo haber sido exterminada. La fracción verdadera de personas asesinadas fue probablemente alrededor de un cuarto o un tercio de todos los que quedaban en Nankín, sin mencionar el número de violaciones y heridas no mortales.

La resistencia en Shanghái

China se dio cuenta rápidamente de que no tenía los recursos ni la experiencia militar para combatir al ejército japonés con éxito. Sin embargo, también sabía que no obtendría ninguna ayuda del exterior si simplemente se rendía. Igualmente conocía que las diferencias políticas entre el Partido Nacionalista Chino y el Partido Comunista de China le convertía en un blanco fácil, puesto que estaban tan concentrados en luchar entre sí que no podían formar una fuerza contra Japón.

Chiang Kai-shek, presidente de la Comisión Militar Central de China, sabía que tenía que hacer algo para combatir al ejército japonés, pero también para levantar la moral de su pueblo. Así que, organizó la Batalla de Shanghái, una batalla de tres meses y medio en la ciudad más grande e industrial de China.

Los soldados que Chiang envió a la Batalla de Shanghái habían sido entrenados en Alemania (recuerde que esto fue antes de que Japón y Alemania se pusieran del mismo lado en la guerra). Aunque sus armas eran limitadas y sus tropas estaban mucho menos preparadas, conmocionaron al mundo por lo mucho que resistieron. Su mera presencia hizo flaquear la confianza de los japoneses, ya que habían llegado a convencerse de su propia superioridad.

Desafortunadamente para China, la mayoría de sus mejores soldados fueron asesinados en la batalla, y no obtuvieron el apoyo extranjero que esperaban. Europa estaba un poco preocupada con su propio gobierno nacionalista, sin control y cada vez más poderoso…

En retrospectiva: El Tratado de Versalles

Japón no fue la única nación que estaba interesándose en controlar partes de otros países. Esta ideología, llamada *expansionismo*, aparece en culturas desde la Antigua Roma hasta el oeste de Estados Unidos, pero en la Europa del siglo XX, un país en particular estaba interesado en expandirse: Alemania.

Demos un paso atrás en el tiempo. Después de la Primera Guerra Mundial, Alemania fue básicamente obligada a aceptar la responsabilidad de la guerra y entregar sus territorios (y pagar el equivalente de cuatro mil millones y medio de los actuales dólares americanos en reparaciones) al bando ganador. Esto se escribió en una cláusula llamada «Cláusula de culpabilidad de la guerra» en el Tratado de Versalles, el tratado que estableció los términos para la paz después de la Primera Guerra Mundial.

La Primera Guerra Mundial no fue en realidad culpa de Alemania. Cien años de tensiones latentes y alianzas enmarañadas (junto con algunos avances inesperados en tecnología que elevaron vertiginosamente el número de muertos) fueron los culpables. Alemania podía asumir razonablemente algo de responsabilidad, pero también Gran Bretaña, Francia y cualquier otro país involucrado. Pero, como siempre es el caso de las guerras, los ganadores tenían que decidir qué hacer con los perdedores, y las potencias ganadoras (sobre todo Francia) quería debilitar a Alemania todo lo posible, de ahí el castigo extremo.

Incluso en aquel momento, personas de todo el mundo decían que esto era una mala idea. El mundialmente famoso economista John Maynard Keynes dijo que era demasiado duro y señaló que no había forma en que Alemania pudiera costear las reparaciones sin enviar al país a un desastre económico.

También había algunas personas que decían que eso fue demasiado indulgente con Alemania, y aunque no hay manera de que los términos pudieran describirse como «indulgentes» en retrospectiva, puede que tuvieran razón de algún modo. El castigo más duro, una ocupación militar total de Alemania, habría debilitado al país lo suficiente como para detenerlo de la sublevación. Como estaban las cosas, el Tratado de Versalles alcanzó un punto intermedio complicado: demasiado duro para que Alemania lo sobrellevara, pero no lo suficientemente duro para aplastar el inevitable contragolpe.

Es muy importante entender esto si quiere entender por qué los nazis llegaron al poder en Alemania. No fue simplemente que todos se volvieron malvados a la vez. El país fue puesto en una situación crítica, y algunos políticos hambrientos de poder vieron una oportunidad para convertir la ira justificada en odio y nacionalismo.

Lebensraum

La palabra *Lebensraum* se usó por primera vez en 1860, más de medio siglo antes de que el nazismo comenzara a tomar forma. *Lebensraum* literalmente significa «espacio vital» en alemán, y no fue hasta 1901 que Friedrich Ratzel escribió el ensayo *Lebensraum* para describir cómo la geografía física moldea la sociedad. Argumentó que los factores geográficos moldean los enfoques que tiene una sociedad, y que una sociedad fuerte debería, en teoría, expandirse orgánicamente a través del espacio con el tiempo, en vez de restringirse por las fronteras políticas artificiales.

Ratzel sugirió en su libro y ensayo en el tema que como Alemania era un estado fuerte (recuerde, 1901 fue justo antes de la Primera Guerra Mundial), Alemania debía ser capaz de expandirse a espacios que fueran controlados por estados más débiles.

Esta idea se hizo muy popular en el pensamiento alemán durante la siguiente década, pero en realidad tomó vuelo después del Tratado de Versalles por dos razones. Primero, Alemania fue obligada a entregar todos sus territorios a los ganadores de la guerra, y segundo, las reparaciones masivas que estaban obligados a pagar causaron una abrumadora escasez de alimentos. Estos dos factores hicieron que Alemania estuviera deseosa de expandirse y recuperar el *Lebensraum* que muchos alemanes sentían como legítimamente suyo.

Lebensraum fue un concepto importante sobre el que Adolf Hitler habló en su autobiografía *Mein Kampf*. Sostuvo que la superioridad natural de Alemania significaba que, legítimamente, *debía* poseer el territorio de Europa del Este, y que cualquier intento de limitarlo era artificial y estaba destinado a fracasar. Las dificultades económicas de Alemania, según esta interpretación, estaban siendo causadas por intentos de restricciones sobre el *Lebensraum* de Alemania.

Esta idea fue inmensamente atractiva para el pueblo alemán de la época, que sufría una devastadora depresión económica bajo el régimen posterior al Tratado de Versalles. La idea de *Lebensraum* ofrecía una explicación para su sufrimiento, así como apelaba a un sentimiento de orgullo al afirmar que su raza y cultura eran naturalmente superiores a las razas y culturas de las personas en cuyos territorios se expandirían. No pasó mucho tiempo después de la publicación de *Mein Kampf*, en 1925, para que Hitler y su ideología centrada en el *Lebensraum* llegaran al poder.

Adolf Hitler: ¿Artista?

Adolf Hitler, el *Führer* (literalmente «guía», el líder político) de Alemania, no comenzó como político. Si usted le hubiera dicho al Adolf de dieciocho años que iba a convertirse en el dictador más infame de la historia mundial, probablemente se habría reído en su cara, porque cuando tenía dieciocho, en 1907, ¡estaba intentando (y fracasando) entrar a la escuela de arte!

Hitler se postuló a la Academia de Bellas Artes de Viena en 1907 (y otra vez, al año siguiente, en 1908) porque tenía la ambición de convertirse en un artista profesional. Tenía mucha destreza para pintar arquitectura y le gustaba pintar paisajes destacando los edificios de influencia griega y romana de Italia y Austria-Hungría.

Hitler afirmó que le gustaba el arte renacentista, ya que era técnicamente poderoso y el simbolismo era claro. Podemos suponer que probablemente no era muy aficionado a los impresionistas y modernistas que estaban obteniendo más atención a principios del siglo XX por sus pinturas abstractas y alocadas. La Gran Exposición de Arte Alemán que él organizó se negó a permitir cualquier estilo de arte expresionista, dadaísta o cubista, así como cualquier arte que representara debilidad o impureza racial.

Desafortunadamente para el mundo occidental, Hitler fue rechazado de la escuela de arte las dos veces que se postuló. Trabajó durante un tiempo pintando tarjetas postales en Viena antes de unirse al ejército en la Primera Guerra Mundial, y nunca se dedicó profesionalmente a ello.

La imagen de Hitler

Desde un punto de vista retrospectivo, parece una locura que alguien pudiera obtener tanto poder al pararse en un púlpito y gritar sobre los males de los judíos. Pero Hitler y su equipo en realidad se tomaron muchas molestias para hacerle parecer un líder atractivo. Hubo mucha propaganda sobre lo malvados que eran sus enemigos, pero también hubo muchos detalles que hicieron al mismo Hitler una figura notable, memorable e interesante.

Por una cosa, no era como los antiguos líderes. Los líderes alemanes de la Primera Guerra Mundial eran ricos, anticuados y tenían grandes bigotes. Hitler provenía de un entorno humilde, estaba centrado en el futuro en lugar del pasado, y lucía un bigote «cepillo de dientes» que se ha convertido en un ícono.

Mencionar el bigote de Hitler puede parecer un detalle insignificante, pero todo formaba parte de su «apariencia». Más que cualquier otro líder del mundo moderno, Hitler creó una «imagen» elegante distintiva para él y su ejército. Él lucía la última moda en vello facial, siempre estaba rodeado de multitudes de personas hermosas que le adoraban, e incluso contó con el diseñador de moda Hugo Boss, quien diseñó los elegantes uniformes negros de la SS para que fueran intimidantes y atractivos. Todo sobre la imagen de Hitler lo hacía parecer el hombre que todo ciudadano alemán quería ser.

Hombre del Año

En 1938, solo un año antes de que Alemania y Gran Bretaña fueran a la guerra, Adolf Hitler fue nombrado «Hombre del Año» por la revista *Time Magazine*. El artículo que le retrataba, que está disponible en línea, no es exactamente favorable hacia él, pero sí parece elogiar su valentía y energía política. «Había destruido el Tratado de Versalles… ante los ojos de un mundo horrorizado y aparentemente impotente», dice el artículo.

Algunas personas se sorprenden al escuchar que un hombre tan obviamente peligroso pudiera ser inmortalizado como «Hombre del Año» (y otras personas sacan este tema, irónicamente, cuando su político menos preferido aparece en la portada de la revista *Time*), pero el premio «Hombre del Año» es para la persona más influyente del año, no para la «mejor». ¡Y Hitler

era, sin duda, influyente!

El artículo describe las estrategias políticas asombrosamente efectivas de Hitler con un tono de conmoción y admiración. «Todos estos acontecimientos conmocionaron a las naciones que habían derrotado a Alemania en el campo de batalla solo 20 años antes», dice al describir cómo Hitler ganó poder militar en toda Europa. «[Cuando él] obtuvo carta blanca en Europa del Este al obtener una promesa de "no intervención" por parte de la poderosa Gran Bretaña (y después Francia), Adolf Hitler sin duda alguna se convirtió en el Hombre del Año de 1938».

Por supuesto, recuerde que *Time Magazine* es una publicación estadounidense. Con la barrera del océano Atlántico entre los nazis y ellos, los Estados Unidos podrían haber sido solo un *poco* más halagadores hacia Hitler de lo que hubieran sido sus vecinos si estuvieran encargados de nombrar al «Hombre del Año».

Apaciguamiento

Hablando de los vecinos de Hitler, las cosas se estaban poniendo bastante tensas entre Alemania y Gran Bretaña. Hitler se estaba volviendo cada vez más y más valiente en sus actividades militares –y es difícil sorprenderse por ello, porque los británicos habían adoptado una política llamada «apaciguamiento» para Alemania (y su socio en el fascismo, Italia).

Apaciguamiento era una política puesta en práctica por Neville Chamberlain, primer ministro británico, para intentar evitar la guerra. Su teoría era que al intentar evitar que Alemania consiguiera lo que quería se causaría más mal que bien a largo plazo. Por ello, la política exterior oficial de Gran Bretaña consistiría en que cumplirían los deseos de Alemania, «siempre que parecieran legítimos y no se aplicaran con violencia», (descrito en el periódico alemán *Der Spiegel*). Chamberlain era consciente de que los recursos del Imperio británico eran limitados y que en realidad no tenían el poder para detener a Hitler, por eso cooperar con él parecía la mejor opción.

Sin embargo, como sabrá cualquiera que haya tratado con un niño malcriado, darle lo que quiere no soluciona el problema. Hitler exigió el derecho de expandir Alemania al vecino *Sudetenland,* infringiendo las políticas no militares del Tratado de Versalles. Cuando Hitler vio que podía hacer eso sin castigo, solo era un pequeño paso para expandirse a Checoslovaquia y Polonia.

La política de apaciguamiento procedía de un intento sincero de evitar otra masacre masiva como la que había sufrido Europa en la Primera Guerra Mundial. No obstante, cuando Chamberlain dejó que Hitler se saliera con la suya al incumplir los términos del Tratado, solo se reforzó la confianza de Hitler. En vez de sentirse satisfecho, solo se sintió más seguro de que podía salirse con la suya con cualquier cosa.

La invasión de Polonia

Puede que piense que Gran Bretaña y Francia declararon la guerra a Alemania por el Holocausto y la masacre de los civiles judíos, pero estaría equivocado. La magnitud de los campos de concentración de Hitler y los asesinatos en masa de judíos inocentes no salieron a la luz hasta mucho después. Gran Bretaña y Francia declararon la guerra a Alemania porque Hitler invadió Polonia, lo cual iba en contra del trato que Hitler había hecho con otros líderes europeos.

Hitler ya había visto que Gran Bretaña estaba poco dispuesta a hacer cumplir los términos del Tratado de Versalles. Neville Chamberlain practicaba una política de apaciguamiento, lo que permitió a Hitler formar un poder militar, aunque técnicamente no tuviera permiso para ello.

Los nazis tenían ya bastante claro que nadie quería ser el que se levantase y opusiese a ellos. Esto se hizo más obvio en la década de 1930, cuando Japón comenzó a hacer lo que Alemania solo estaba considerando.

En 1931, Japón invadió Manchuria sin consecuencias por parte del gobierno internacional. Durante la década de 1930, las potencias extranjeras miraron hacia otro lado mientras el ejército japonés marchaba a través de China, dejando un rastro de cadáveres a su paso. En 1937, cuando China luchó contra el ejército japonés en la Batalla de Shanghái, ni una sola potencia extranjera acudió en su ayuda.

La lección que Hitler aprendió de esto estaba clara: nadie quería entrar en una guerra, por tanto, nadie quería actuar contra una nación agresiva. Él tenía un camino libre hacia el poder.

Estados Unidos intenta permanecer neutral

Hasta ahora, usted ha aprendido qué estaba ocurriendo en Asia Oriental (la guerra entre China y Japón) y en Europa Occidental (las políticas agresivas de Alemania hacia sus vecinos). Pero hay un actor principal del que no hemos hablado mucho... los Estados Unidos.

Estados Unidos no entró oficialmente a la Segunda Guerra Mundial hasta 1941, dos años después de que Gran Bretaña, Francia, Alemania e Italia se declararan la guerra entre sí. Hablaremos más tarde sobre las razones por las que Estados Unidos entró a la guerra cuando lo hizo, pero no estaba precisamente ignorando lo que estaba sucediendo durante el periodo previo.

En la Primera Guerra Mundial, Estados Unidos se contuvo y entró a la guerra mucho más tarde que los otros participantes. Esto significaba que no había sido, prácticamente, devastado por sus consecuencias como otros países, pero nadie podía decir que fuera un momento divertido. Como la mayoría de los países, Estados Unidos era reacio a entrar en otra guerra.

En los años 20, Estados Unidos firmó muchos pactos de no agresión y desarme, como el Pacto Briand-Kellogg de 1928, donde se comprometió a no entrar en guerra con ninguna de las otras personas que lo firmaron. Los otros firmantes incluían a Alemania, Polonia, África, Japón, Gran Bretaña y Francia, y después se amplió para incluir a Serbia, China, Hungría y la Unión Soviética, así que usted puede ver lo bien que resultó este pacto.

En los años 30, quedó claro que nadie planeaba respetar el pacto. Eso no detuvo a Japón de invadir Manchuria, o a Alemania de desarrollar un nuevo ejército altamente poderoso. Así que Estados Unidos comenzó a aprobar las Leyes de Neutralidad en su lugar, que les prohibía prestar dinero o vender armas a cualquier país en guerra. El congreso creyó que esto mantendría a Estados Unidos al margen de los asuntos de Europa.

Sin embargo, cuando estalló la guerra, la mayoría de los estadounidenses (incluido el presidente Franklin Delano Roosevelt) simpatizó bastante con los británicos. Era obvio que Alemania era el agresor y, aunque había muchas personas que no estaban de acuerdo, la postura general en Estados Unidos era que debían de hacer *algo* para ayudar a los Aliados (sobre todo a Gran Bretaña).

Aviones estadounidenses

La Fuerza Aérea de los Estados Unidos encontró una forma de ayudar a Gran Bretaña sin infringir ninguno de sus acuerdos de neutralidad… proporcionándoles aviones. La Real Fuerza Aérea Británica necesitaba desesperadamente aviones para su ejército, y EE. UU. tenía muchos aviones, pero no podía vendérselos a los británicos porque eso contaría como vender armas a un país en guerra.

Por tanto, Estados Unidos consiguió la ayuda de sus vecinos: la colonia de Gran Bretaña, Canadá. Los pilotos estadounidenses volaron sus aviones hasta la frontera entre Canadá y Estados Unidos (que era, en su mayoría, tierra de cultivo), aterrizaron en los campos… y los dejaron allí. Entonces, por la noche, los pilotos canadienses cruzarían a Estados Unidos y remolcarían los aviones hacia el norte, a tierras canadienses.

Como no había ninguna valla, pared u otra delimitación visual entre Canadá y EE. UU., los canadienses podían decir que pensaban que los aviones estaban en territorio canadiense… mientras que los estadounidenses podían decir que *casualmente* dejaron sus aviones por la noche, ¡y no podían imaginar que les serían robados!

La Unión Soviética entra en la guerra

El 23 de agosto de 1939, solo una semana antes de que Hitler invadiera Polonia, la Unión Soviética firmó un pacto con los nazis, en el que acordaron no entrar en guerra con ellos. Incluso se habló de que la Unión Soviética se convirtiera en una Potencia del Eje, uno de los aliados oficiales de Hitler. Stalin, el líder de la Unión Soviética, incluso apoyó el plan de Hitler de invadir Polonia.

Había mucha desconfianza entre estas dos naciones, la cual creció con el tiempo. La Unión Soviética comenzó a sospechar que Alemania planeaba invadirles en cuanto conquistaran Gran Bretaña. Stalin intentó demostrar los sentimientos positivos de su nación hacia Alemania al acordar no luchar contra Japón en Asia Oriental, pero eso no fue suficiente para evitar las tensiones entre ellos.

Es francamente sorprendente que la Unión Soviética pensara en algún momento que podían tener relaciones diplomáticas pacíficas con Alemania, puesto que los comunistas eran uno de los muchos objetivos de Hitler y la Unión Soviética era una nación comunista.

Este pacto no duró mucho: en el verano de 1941, Hitler invadió los territorios soviéticos que había a lo largo de la frontera que tenían en común.

El historiador y antiguo oficial de inteligencia militar Viktor Suvorov afirmó que Stalin planeaba invadir Alemania en la misma época, y Hitler simplemente fue el que dio el primer paso. De cualquier forma, no pasó mucho tiempo antes de que la Unión Soviética decidiera que sus objetivos se alineaban más con los Aliados que con el Eje, y lanzó una defensa seria contra los ataques alemanes.

Estados Unidos entra en la guerra

En 1939, Estados Unidos simpatizaba en general con las potencias Aliadas y estaba dispuesto a torcer un poco las normas de sus pactos de no agresión para ayudarles, pero no tenía planes de entrar realmente en la guerra. Pero todo cambió en 1941 con el bombardeo japonés a Pearl Harbour.

Pearl Harbour era el hogar de una base militar importante de los Estados Unidos en Hawái, situada justo en la mitad del océano pacífico, entre Estados Unidos y Japón. Era el lugar adecuado para que Japón atacara mientras se expandía por el Pacífico. El ataque fue una sorpresa pues, aunque Estados Unidos había entregado algo de dinero a China para ayudarles en su guerra contra Japón, estaban muy lejos de cualquier cosa parecida a la guerra. Incluso continuaron vendiendo petróleo a Japón en 1940.

En 1941, Estados Unidos decidió comenzar a aumentar su presencia en el Pacífico para intentar disuadir a Japón de atacar, ¡pero produjo el efecto contrario! En vez de ser intimidado hasta retroceder, Japón decidió tomar represalias con un ataque anticipado contra la sede del poder del Pacífico estadounidense.

El día después del ataque, Franklin Delano Roosevelt pronunció un discurso clamando la guerra con Japón y el congreso tardó menos de una hora en aceptar.

No fueron los únicos. Aquí fue donde Japón entró verdaderamente en el campo de juego de la Segunda Guerra Mundial. Winston Churchill, el recién elegido primer ministro de Gran Bretaña, había prometido que, si Japón atacaba a Estados Unidos, Gran Bretaña declararía la guerra a Japón «en el plazo de una hora».

Tres días después, Alemania e Italia, que habían estado estableciendo relaciones con Japón, también declararon la guerra a los Estados Unidos en solidaridad. Esto no era parte de su pacto oficial, pero era obvio que, ya que Gran Bretaña había declarado la guerra al enemigo de EE. UU., EE. UU. no iba a tardar mucho en declarar la guerra a los enemigos de Gran Bretaña.

Las reacciones de las personas a la guerra

Finalmente, en 1941, todos los participantes principales de la Segunda Guerra Mundial estaban involucrados: Gran Bretaña, Francia, Estados Unidos y la Unión Soviética en un lado y Alemania, Italia y Japón en el otro.

Francamente, nadie estaba muy feliz de entrar en guerra. Mientras que el inicio de la Primera Guerra Mundial había sido visto como glorioso y patriótico, las opiniones entre 1939 y 1941 eran mucho más cínicas. Hubo protestas públicas por el hecho de que prácticamente cada uno de los países había infringido al menos un pacto o tratado para entrar en la guerra. Los jóvenes eran reacios a entrar en otro baño de sangre como el de 1914, y los soldados que habían vivido la Primera Guerra Mundial estaban incluso más temerosos.

En cada país, los políticos, líderes sociales y autores de prensa intentaron desesperadamente levantar la moral. Desde cine alemán sobre la superioridad natural de la raza alemana, como el tremendamente antisemita *El judío eterno* (que retrataba a los judíos como personas depravadas, parasitarias y anormales), hasta la famosa caricatura del «Pato Donald Nazi» en *El rostro del Führer* de Disney Studio (que satirizaba los espectáculos pretenciosos de nacionalismo del régimen nazi), las personas que tenían el poder de levantar la moral estaban desesperados por hacerlo ante una guerra mortal y sombría a la que nadie quería entrar en realidad.

CURIOSIDADES

1. Japón nunca declaró *técnicamente* la guerra a China durante la Guerra Sino-japonesa. Si lo hubiera hecho, podría haberse enfrentado a más intervenciones de otros países. Debido a esto, durante décadas, se refirió a ello como un «incidente» en vez de una «guerra» en Japón.

2. En el Tratado de Versalles, el presidente estadounidense Woodrow Wilson advirtió que los términos del tratado serían aceptados «en humillación, bajo coacción, con un sacrificio intolerable, y que dejaría un recuerdo doloroso, resentido y amargo sobre el cual los términos de paz reposarían, no de forma permanente, ya que solo se desvanecerían como arenas movedizas». No obstante, incluso él no podría haber adivinado lo rápido que la paz se caería a pedazos.

3. Hitler se aferró a su sueño de artista profesional hasta mucho después de comenzar su carrera política. En 1939, justo antes de iniciarse la guerra, supuestamente le dijo al embajador británico que «una vez el asunto polaco esté solucionado, quiero acabar mi vida siendo artista».

4. A Hitler se le dio la oportunidad de ir a una escuela de arquitectura en vez de la escuela de

arte, ya que estaba claro que estaba más interesado en dibujar. Sin embargo, esto le habría exigido volver a la escuela secundaria, lo cual no quería, por lo que rechazó la oportunidad.

5. Hitler pintó un autorretrato cuando tenía 21 años, pero su retrato no tenía cara. Algunos críticos de arte han considerado esto como un sombrío augurio de su falta de interés por la vida humana.

6. En sus cuatro años en el ejército alemán durante la Primera Guerra Mundial, Hitler nunca ascendió más alto que el rango de cabo. *Ay*.

7. El rey Eduardo VIII de Inglaterra abdicó el trono en 1936 para casarse con una divorciada que también resultó ser una simpatizante pública de los nazis. Incluso hubo afirmaciones, en aquel momento, de que ella era una agente de Hitler, enviada para desestabilizar el trono británico.

8. Mientras que la mayoría de los estadounidenses simpatizaba con Gran Bretaña en la Segunda Guerra Mundial, Estados Unidos tenía un partido nazi llamado *German American Bund* o «Federación Germano-Americana», constituida por inmigrantes alemanes.

9. Algunos ciudadanos no alemanes en Estados Unidos también simpatizaban con los nazis por varias razones, desde sentirse que fueron castigados injustamente en el Tratado de Versalles

hasta estar de acuerdo con sus políticas sobre los judíos.

10. Henry Ford, creador y propietario de Ford Motors, continuó ilustremente haciendo negocios con la Alemania nazi en la Segunda Guerra Mundial. Él había patrocinado un periódico abiertamente antijudío y supuestamente tenía una foto de Hitler en su oficina.

11. Una de las razones por las que Alemania estaba en una situación económica tan terrible en la década de 1920 fue por la inflación, lo que significaba que el dinero fue teniendo cada vez menos valor. Esto afectó a todo el mundo (y fue una de las causas principales de la Gran Depresión), pero Alemania lo resintió especialmente. Su divisa, el *marco*, disminuyó su valor de manera exponencial en solo unos cuantos años. Durante la Primera Guerra Mundial, un dólar americano valía unos cinco marcos. En noviembre de 1923, un dólar americano valía no menos de *cuatro billones de marcos*.

12. Las personas que se oponían a la entrada de los Estados Unidos a la Segunda Guerra Mundial eran conocidas como «aislacionistas», ya que creían que Estados Unidos debía estar *aislado* de los acontecimientos europeos.

13. Canadá, una de las colonias más grandes de Gran Bretaña, había objetado al principio de la Primera

Guerra Mundial que se vería obligado a entrar en guerra en cuanto Gran Bretaña la declarara. Se había declarado un dominio independiente en la década de 1860 y pensaron que debían tener el derecho de declarar la guerra ellos mismos, y Gran Bretaña aceptó. Entonces, cuando Gran Bretaña declaró la guerra a Alemania el 1 de septiembre de 1939, Canadá esperó nueve días enteros antes de declarar también la guerra.

14. Sudáfrica, otra propiedad de la Mancomunidad Británica de Naciones, estaba menos ansiosa de unirse a la guerra. Estaba obligada legalmente por el tratado anglo-polaco de asistencia mutua a ayudar a Gran Bretaña si se declaraba la guerra a Polonia. Sin embargo, menos de cincuenta años antes, Sudáfrica había combatido contra Gran Bretaña en la Guerra de los Bóers, donde lucharon por la independencia del Imperio británico. Durante la Guerra de los Bóers, Alemania había apoyado a Sudáfrica contra Gran Bretaña y, dado que muchos sudafricanos blancos eran de ascendencia alemana, se mostraron extremadamente reacios a entrar en guerra contra Alemania.

15. Sudáfrica tenía una organización pro-alemana llamada la *Ossewabrandwag*, que era explícitamente antibritánica y políticamente opuesta a que Sudáfrica entrara en guerra en el bando de los

Aliados. Sin embargo, el gobierno decidió finalmente honrar su pacto con Gran Bretaña y los líderes de la *Ossewabrandwag* fueron encarcelados por sabotaje político durante la guerra.

16. Los estadounidenses no estaban más emocionados de tener a los rusos de su lado que los alemanes. En 1939, el *New York Times* escribió sobre la alianza entre Alemania y la Unión Soviética: «Habiéndose apoderado Alemania de la presa, la Rusia soviética se apoderará de aquella parte del cadáver que Alemania no puede usar. Hará el noble papel de hiena para el león alemán».

17. A pesar de la desconfianza general en torno a la Unión Soviética (o quizás debido a ella), el índice de muertes de los soldados soviéticos fue cuantioso. El historiador Timothy Benford afirma que el 80% de todos los hombres nacidos en la Unión Soviética en el año 1923 fueron asesinados al final de la Segunda Guerra Mundial.

18. En 1935, le preguntaron a un ingeniero británico llamado Robert Watson-Watt si era posible que los alemanes estuvieran desarrollando un rayo de la muerte utilizando ondas de radio. No se había fabricado tal arma, pero al estudiar la posibilidad, Watt acabó creando un detector de radar, uno de los avances tecnológicos más grandes de la Segunda Guerra Mundial.

19. Cuando comenzó la Segunda Guerra Mundial, los principales creadores de contenido en Estados Unidos, como Disney y Warner Brothers, se embarcaron en la creación de películas de propaganda. El *Rostro del Führer* de Disney es la más famosa, pero hubo no menos de nueve películas de la Segunda Guerra Mundial protagonizadas solo por el Pato Donald.

20. Durante la Segunda Guerra Mundial, el presupuesto de defensa de Estados Unidos se incrementó en un factor de 30, de 1.9 mil millones de dólares a 59.8 mil millones de dólares entre 1940 y 1945.

PÓNGASE A PRUEBA: PREGUNTAS Y RESPUESTAS

1. ¿Qué país entró primero a la Segunda Guerra Mundial?

    a. Francia
    b. Estados Unidos
    c. La Unión Soviética

2. ¿Por qué Estados Unidos quería permanecer neutral?

    a. Tenía buenas relaciones diplomáticas con Alemania
    b. No quería entrar en otra guerra violenta
    c. Tenían miedo de perder dinero con la venta de armamento

3. ¿Cuándo Japón invadió Manchuria?

    a. 1939
    b. 1931
    c. 1937

4. ¿Cuál de estos famosos empresarios *no* apoyó a los nazis?

    a. Hugo Boss
    b. Henry Ford
    c. William Fox

5. ¿Por qué la revista Time Magazine nombró a Adolf Hitler «Hombre del Año»?

a. Fue el político más influyente del año
b. Time Magazine estaba dirigida por simpatizantes nazis
c. «Hombre del año» es un título despectivo, no positivo

Respuestas

1. a
2. b
3. b
4. c
5. a

CAPÍTULO DOS:

GRAN BRETAÑA Y FRANCIA EN GUERRA

Cuando Hitler invadió Polonia en 1939, Gran Bretaña y Francia fueron las primeras potencias principales en declarar la guerra a Alemania. Después de todo, habían estado en guerra con Alemania no hacía ni veintiún años, y las viejas heridas todavía estaban abiertas. También había un cierto sentimiento de culpabilidad, y sin duda un clamor público, en el que miles de ciudadanos culpaban al Tratado de Versalles por la agresión de Hitler, junto con las ineficaces políticas de apaciguamiento de Gran Bretaña. Como hemos visto anteriormente, estos ciudadanos tenían razón, y así Gran Bretaña y Francia saltaron a la acción.

El Imperio británico en la Segunda Guerra Mundial

En 1939, cuando Gran Bretaña declaró la guerra a Alemania, tenía el control político de un cuarto de toda la población mundial con sus docenas de colonias y territorios independientes, y planeaba movilizar a todos ellos contra Alemania.

Sin embargo, no a todos en el Imperio británico les gustaba este plan. Canadá se contuvo un par de días antes de unirse a la guerra (solo para demostrar que podía), pero Sudáfrica vio una sublevación apasionada contra la idea de que debían ir a la guerra; y el Estado Libre Irlandés, que había sido un dominio británico hasta apenas dos años antes (en 1937), permaneció neutral durante toda la guerra.

Muchos de los países que formaban el Imperio británico estaban en proceso de rebelarse contra los gobernantes supremos coloniales de Gran Bretaña. India declararía la independencia solo unos años después de que terminara la guerra. Sin embargo, por el momento, la mayoría de ellos acabaron entrando a la guerra, con diferentes grados de entusiasmo.

La Unión Británica de Fascistas y Nacionalsocialistas

En casa, no todos en el Reino Unido se oponían a los nazis. De hecho, algunos de ellos les apoyaban abiertamente. La Unión Británica de Fascistas y Nacionalsocialistas se formó en 1932 por Oswald Mosley, y permaneció activa hasta 1940, cuando el gobierno británico la prohibió.

Al principio, la Unión Británica de Fascistas y Nacionalsocialistas (o BUF, como se llamaba para abreviar), fue un partido de ultraderecha, pero generalmente no violento. Apoyó al aislacionismo británico, la idea de que Gran Bretaña no debía participar en los sucesos de Europa, ¡lo cual fue un pensamiento popular después de la masacre de la Primera Guerra Mundial!

Sin embargo, a medida que avanzaba la década, el antisemitismo de Hitler se hacía cada vez más prominente, y la BUF respondió aumentando su propio enfoque en la retórica racista. Esto hizo que mucha gente abandonara; sobre todo cuando la BUF mostró que estaban dispuestos a utilizar la violencia contra las personas que no les gustaban.

La sentencia de muerte para la popularidad de la BUF fue la Batalla de Cable Street en 1936, cuando estalló la violencia en una manifestación de la BUF. La BUF marchó a través de un vecindario judío de Londres, proclamando en alto su retórica antijudía. Unos 20.000 manifestantes antifascistas organizaron una contraprotesta y las cosas se pusieron feas rápidamente, ya que los miembros de ambas partes lucharon con armas improvisadas y la fuerza policial de Londres reprimió de forma violenta a los protestantes antifascistas.

La resistencia a la que la BUF se enfrentó dejó claro que el público general no apoyaba al fascismo británico, pero la BUF no se disolvió hasta que el gobierno británico los disolvió a la fuerza, y su líder, Oswald Mosley, fue encarcelado durante el curso de la guerra.

Unity Mitford

Si quiere una figura de la historia de la Segunda Guerra Mundial británica que parezca haber salido directamente de una telenovela, Unity Mitford es su mujer. Hermana de la esposa de Oswald Mosley, Unity se hizo famosa en Gran Bretaña por su apoyo al partido nazi, y su presunta aventura con Adolf Hitler.

En la década de 1930, Unity era solo una de los tantos británicos que simpatizaba con los nazis en Alemania. Escribió docenas de cartas a la prensa británica en apoyo a Hitler y a los nazis. Incluso escribió una carta abierta a un periódico alemán en la que decía: «¡Imaginamos con gozo el día que seamos capaces de decir que Inglaterra es para los ingleses! ¡Fuera los judíos! Por favor, publiquen mi nombre completo, quiero que todo el mundo sepa que odio a los judíos».

Según la autobiografía de Albert Speer sobre su época dentro del partido nazi, Unity incluso suplicó personalmente a Hitler que hiciera un trato con Gran Bretaña y así sus países no irían a la guerra. Su estrecha relación personal con Hitler ciertamente hizo que la gente hablara, tanto en Gran Bretaña como en Alemania.

Unity estaba en Múnich, Alemania, cuando finalmente estalló la guerra entre Gran Bretaña y Alemania. Estaba tan desesperada que cogió una pistola (que Hitler le había dado) y se disparó en la cabeza. Sin embargo, evidentemente no era una pistola muy buena, pues sobrevivió y fue hospitalizada. Hitler pagó las facturas, le visitó con frecuencia e incluso organizó su viaje de vuelta a casa. Esto ha sido suficiente para docenas de biógrafos modernos, y Unity ha sido el tema de cuatro biografías diferentes y al menos un documental desde su muerte.

¿Por qué Gran Bretaña a la Guerra?

Después de la Primera Guerra Mundial, Gran Bretaña estaba mucho más preparada que Francia para «dejar las cosas como están» y simplemente «perdonar» a Alemania por su implicación en la guerra (teniendo en cuenta que en realidad no había nada que perdonar en este momento, ya que la Primera Guerra Mundial no fue culpa de Alemania). Entonces, ¿por qué Gran Bretaña fue uno de los primeros dos países en declarar la guerra a Alemania?

Gran Bretaña había sido responsable de buena parte del debate sobre el apaciguamiento que ocurrió en la década de 1930. Si Hitler infringió los términos del apaciguamiento (esto es, si invadió cualquier terreno que prometió que no invadiría), Gran Bretaña sería públicamente responsable.

El 1 de septiembre de 1939, quedó claro que Hitler estaba infringiendo absolutamente los términos del apaciguamiento al invadir Polonia y no tenía ninguna intención de detener su ataque. El primer ministro británico, Neville Chamberlain, respondió con un anuncio en la radio:

«Esta mañana, el embajador británico en Berlín le entregó una nota final al gobierno alemán declarando que, a menos que tengamos noticias antes de las once en punto de que están inmediatamente preparados para retirar sus tropas de Polonia, existiría un estado de guerra entre nosotros. Tengo que decirles que no hemos recibido tal conocimiento y que, como consecuencia, este país está en guerra con Alemania».

La Real Fuerza Aérea Británica

Una de las mayores contribuciones de Gran Bretaña a la Segunda Guerra Mundial fue la introducción de su grupo de pilotos de combate, la Real Fuerza Aérea Británica, o RAF por sus siglas en inglés. La Segunda Guerra Mundial fue la primera guerra en la que los aviones tuvieron un importante papel de combate durante toda la guerra. En la Primera Guerra Mundial, la mayoría de los aviones se usaban para reconocimiento, y solo hacia el final las batallas aéreas se convirtieron en una parte significativa del panorama.

La Real Fuerza Aérea Británica se formó en 1918, y es la fuerza aérea más antigua del mundo que no formaba parte del ejército o la marina. En la Segunda Guerra Mundial, la RAF se convirtió en una de las partes más vitales del ejército británico, mientras que los alemanes eran pioneros en la guerra aérea. La RAF voló junto a los polacos, checoslovacos y otras fuerzas aéreas aliadas. Sin embargo, aun juntos, tenían muchos menos aviones que los alemanes.

Los pequeños números de la RAF lo hicieron todo más impresionante cuando consiguieron impedir los ataques de Hitler. El conflicto más famoso fue la Batalla de Gran Bretaña en 1940. Esta campaña continuó durante casi cuatro meses hasta teñirse de rojo con el Blitz, los famosos ataques nocturnos alemanes en Inglaterra.

El objetivo alemán en la Batalla de Gran Bretaña era intimidar a Gran Bretaña hasta lograr un acuerdo de paz al atacar su infraestructura (y más tarde a sus ciudadanos). Los alemanes pensaban que atacar a Gran Bretaña por aire sería más fácil que hacerlo por mar, ya que Gran Bretaña había controlado históricamente el océano con la Marina Real Británica.

Pero los alemanes estaban equivocados. Aunque superaban en número a la RAF dos a uno, la RAF mantuvo a raya los ataques alemanes. Aunque hubo daños masivos y pérdida de vidas, Alemania no consiguió la conquista que perseguía. Esto se ha visto como uno de los puntos de inflexión más grandes de la guerra, manteniendo a flote la moral británica y haciendo temblar la confianza alemana.

El Blitz

El Blitz probablemente sea el suceso más famoso que tuvo lugar en Gran Bretaña durante la Segunda Guerra Mundial. Se refiere a los varios meses que las fuerzas aéreas alemanas pasaron bombardeando los centros de las principales ciudades (sobre todo Londres) para aterrorizar y matar a los ciudadanos. El nombre *Blitz* es la abreviación de *Blitzkrieg*, que significa «guerra relámpago» en alemán, y hace referencia al uso masivo de bombas y explosivos.

Mientras que el Blitz hace referencia a los ataques sobre muchas industrias, así como ciudades, en Gran Bretaña se conoce más por la consecuencia que tuvo en Londres.

Durante el Blitz, los civiles londinenses (sobre todo niños) fueron evacuados a zonas rurales para intentar escapar de las bombas, pero no todo el mundo podía irse. Los búnkeres se convirtieron en algo habitual de cada hogar y vecindario, y las sirenas antiaéreas nocturnas alertaban a los ciudadanos que debían ponerse bajo tierra o serían asesinados.

La fuerza aérea alemana, o *Luftwaffe*, arrojó unas 41.000 toneladas de bombas sobre Gran Bretaña durante el Blitz, y el número estimado de muertes es de unos 40.000 civiles (sin mencionar las pérdidas de vidas militares), y más de un millón de casas fueron destrozadas solo en Londres.

Racionamientos en el frente interno

La Primera Guerra Mundial fue la primera guerra en la que civiles británicos tuvieron que involucrarse de verdad en el esfuerzo bélico, y la Segunda Guerra Mundial llevó aquello a un nivel aún más alto. Desde producir provisiones en fábricas hasta deshacerse de artículos materiales que podían ser más útiles en el ejército, se esperaba que la gente de Gran Bretaña «hiciera su parte» en el esfuerzo bélico.

Se implementaron leyes sobre qué materiales podían utilizarse para las actividades en casa. Estas leyes se llamaron «leyes de racionamiento».

La comida era escasa y las clases de comida que estaban disponibles eran cosas como carne enlatada, galletas saladas, fruta en lata y cereales de desayuno. Había fruta y verdura fresca pero muy cara, y había un creciente mercado negro para cada tipo de alimento que no se podía conseguir legalmente.

Se racionaban también otras cosas: la goma, el metal e incluso la seda y el nylon, ¡que se utilizaban para hacer paracaídas! Los racionamientos de seda y nylon significaban que las mujeres no podían llevar medias y, de hecho, se les animaba a enviar sus viejas medias a los gobiernos para hacer paracaídas con ellas.

Ninguna mujer querría ser acusada de retener suministros al gobierno, ¡pero simplemente no se podía ir sin medias en la década de 1940! Por eso, surgió rápidamente una práctica popular de falsificar medias. Las mujeres restregaban jugo de carne por sus piernas para oscurecer la piel y después dibujaban falsas costuras en la parte posterior de sus piernas con lápices delineadores de ojos. Si tenemos en cuenta que las raciones de jugo de carne que conseguían eran pequeños paquetes de polvo, en realidad no era un desperdicio.

El loco Jack Churchill

Para que no piense que solo las figuras británicas destacables eran los primeros ministros y los simpatizantes de los nazis, hablemos del famoso John Malcolm Thorpe Flemming «Jack» Churchill, un soldado británico y el único hombre en el ejército británico que mató a los soldados enemigos con un arco y una flecha.

En la década de 1930, Churchill tenía una pequeña carrera cinematográfica y fue al Campeonato Mundial de Tiro con Arco, pero en 1939, como cualquier británico sano, se unió al ejército. El hijo de Churchill afirmó que cuando los alemanes se estaban acercando a Churchill en L'Épinette, él dijo: «Voy a disparar a ese alemán que va primero con una flecha»… y lo hizo. Después se presentó a la batalla de Dunkerque en bicicleta, cargado con su arco y flecha, y consiguió algunos buenos disparos más antes de ser transportado de vuelta a Inglaterra.

Con un talento para lo dramático, Churchill también disfrutaba tocar la gaita durante las campañas militares, usándola como un llamado a la acción para sus compañeros comandos. Casualmente, estaba tocándola cuando fue capturado por los alemanes en Yugoslavia, pero no se preocupe, él escapó por un tubo de desagüe y comenzó una caminata de cuatrocientas millas hacia la costa báltica. Los alemanes le atraparon de nuevo, escapó cuando estaban siendo entregados entre dos grupos de soldados y después caminó otras noventa y tres millas hasta Verona, donde por fin encontró una unidad estadounidense que le puso a salvo.

En un enorme descuido de Hollywood, Jack Churchill todavía no ha sido el tema de ninguna película. Pero si quieres verle en la gran pantalla, puedes ver su película de 1952, *Ivanhoe*, donde tiene un breve papel como, por supuesto, un arquero.

La batalla de Francia

Recuerde que, cuando se firmó el Tratado de Versalles, el gobierno francés se quejó de que era el país más vulnerable a las represalias de Alemania, y resultó que estaban en lo cierto.

Cuando Alemania invadió Polonia en 1939, Francia declaró inmediatamente la guerra e invadió Saarland, territorio occidental de Alemania, en represalia. Francia había formado una alianza con Polonia en 1921, pero estaban motivados tanto por el miedo como por su responsabilidad con los polacos. Sabían que serían los siguientes.

Durante el año siguiente, Alemania demostró su poder militar conquistando Polonia casi sin esfuerzo. Su estilo de guerra era nuevo, apresurado y difícil de contener. A principios de mayo de 1940, solo nueve meses después de invadir Polonia, Alemania terminó con Polonia y dirigió su atención hacia Francia.

No pasó mucho tiempo antes de que el ejército alemán se abriera camino a través de las defensas francesas y, para finales de mayo, las fuerzas Aliadas estaban evacuando a sus soldados de la batalla. Francia fue derrotada a principios de junio, sacudida por la velocidad de su derrota y conmocionada por la incapacidad de Gran Bretaña de protegerla. El 17 de junio de 1940, el presidente del consejo de Francia dio un discurso al pueblo francés diciéndoles: «Es necesario cesar la lucha». Francia se rindió ante la ocupación alemana.

La Francia de Vichy

El ejército alemán tomó el control de la parte norte de Francia, pero las cosas se volvieron un poco más complicadas en la parte sur. El sur de Francia fue llamado el Estado Francés y estaba liderado por un oficial llamado Philippe Pétain, principalmente a las afueras de la ciudad de Vichy, de ahí el nombre del estado, la Francia de Vichy.

Oficialmente, cuando se formó en 1940, Vichy era un estado neutral. Pétain había sido un héroe de guerra en la Primera Guerra Mundial y tenía algunas ideas bastante firmes sobre por qué Francia había caído ante los alemanes tan rápidamente. Específicamente, afirmó que fue porque Francia se había debilitado mucho con la Tercera República, que fue el sistema gubernamental que llevaba implantado desde la década de 1870.

La Tercera República se había desarrollado como un gobierno de transición después de que Francia perdiera la Guerra Franco-Prusiana (otra guerra entre Francia y Alemania) en la década de 1870. Sin embargo, aunque solo se pretendía implantar durante un par de años, nunca llegó a desaparecer totalmente.

Pétain pensó que el gobierno de la Tercera República había debilitado al estado porque se centraba en la democracia en vez de la autoridad. Así que, cuando él estableció la Francia de Vichy como su propio gobierno personal, estableció un régimen autoritario y se deshizo de todas esas sandeces democráticas.

Pétain también era un gran seguidor de Hitler. No tenía ninguna duda sobre ponerse de parte de

Alemania, a pesar de que la Francia de Vichy era oficialmente neutral. También adoptó las políticas raciales nazis en la Francia de Vichy y aprobó un programa eugenésico que autorizaba matar o esterilizar a las personas que eran consideradas racialmente impuras.

Oficialmente, Pétain tenía todo el derecho de ponerse de parte de Alemania, y su razonamiento incluso pudo haberse considerado bastante sólido, puesto que los alemanes ya habían demostrado tener un ejército superior. Intentar establecer la paz con ellos no era totalmente irracional. Cuando se formó, todos los países del mundo reconocieron a la Francia de Vichy como legítima. Desafortunadamente para Pétain, la Francia de Vichy acabó siendo menos un aliado y más un títere del gobierno nazi.

La Francia ocupada

En el sur, estaba la Francia de Vichy. La Francia de Vichy estaba obviamente en el bolsillo de los nazis, pero era, en teoría, un estado soberano y libre, simplemente uno que acabó estando de acuerdo con las políticas alemanas y formando una alianza con ellos. ¡Nada no soberano sobre ello!

Las cosas eran un poco diferentes en el norte. Alsace-Lorraine, que había estado de un lado para otro entre el control francés y alemán durante décadas, volvió a las manos alemanas. Antes de 1942, solo alrededor de la mitad de Francia estaba controlada por Alemania (y una pequeña parte de la frontera sureste estaba controlado por Italia), pero según pasaron los años, cada vez más partes del país fueron cayendo bajo la ocupación militar alemana.

El ejército alemán aprovechó esta oportunidad para vengarse de Francia por su duro trato después de la Primera Guerra Mundial. Demandaron que la Francia ocupada pagara los costos de su ejército, que eran unos 40 millones de marcos imperiales, o 66 millones de los actuales dólares americanos, todos los días. Para empeorar aún más las cosas, Alemania creó un tipo de cambio entre los francos franceses y el marco imperial alemán, afirmando que un marco imperial valía veinte francos. Si Francia no podía saldar la deuda, entonces el ejército alemán conseguiría el dinero saqueando las ciudades y arrebatando cualquier cosa de valor, incluida la comida.

Como si esto no fuera lo suficientemente malo, Alemania cortó la mayoría del comercio de Francia con cualquier país aliado y mantuvo a la mayor parte de su fuerza laboral como prisioneros de guerra, así no había forma de producir más. Había tal escasez de provisiones en toda Francia que hizo que las raciones de Gran Bretaña parecieran positivamente generosas.

Malgré-Nous

Como si no fuera suficientemente malo que Francia estuviera ocupada y que el país entero sufriera de una inverosímil escasez debido a las indemnizaciones que el ejército alemán exigía, había otro peligro para los hombres jóvenes de la Francia ocupada. Estaban siendo reclutados en el ejército alemán.

Puesto que la Francia ocupada era *básicamente* parte de Alemania (al menos, según los alemanes), se esperaba que los hombres en buena condición física sirvieran en el ejército y se enfrentarían a consecuencias si se rehusaban. Asombrosamente, no hubo muchos hombres franceses que se enlistaran en las SS voluntariamente, por eso, en lo que respecta al ejército alemán, solo era razonable obligarlos a la acción.

La mayoría de los soldados franceses fueron enviados a partes especialmente peligrosas de la zona de guerra, como el frente oriental. Otros fueron puestos en la *Waffen-SS*, la parte más prestigiosa de las fuerzas armadas alemanas. Si se negaban a servir, todas sus familias serían deportadas (o peor).

Malgré-nous en francés significa «contra nuestra voluntad». Muchos hombres jóvenes obligados al servicio escaparon para unirse a la Resistencia francesa o huyeron a la neutral Suiza, pero hacer esto era arriesgado. Si les capturaban, serían ejecutados, e incluso si no lo eran, sus familias podían enfrentar las consecuencias. Las cosas tampoco mejoraron después de la guerra, cuando fueron acusados de ser traidores a Francia, aunque hubieran sido asesinados si hubieran hecho algo diferente.

La Resistencia francesa

¡Francia no estaba simplemente recostada y soportando mientras Alemania les conquistaba! Hubo todo tipo de esfuerzos en Francia para desestabilizar a los ocupantes alemanes. Hicieron de todo, desde formar grupos de guerra de guerrillas hasta publicar periódicos con información de primera mano sobre el régimen nazi que tenían.

A diferencia del ejército alemán estrictamente regulado (el cual, por supuesto, no permitía a nadie llegar a los rangos altos, a menos que fueran «aprobados» política y racialmente), el líder de la Resistencia, Emmanuel D'Astier de la Vigerie, describió a la Resistencia francesa como formada por marginados. Estos incluían gaullistas (patriotas franceses), comunistas y socialistas, grupos de ultraderecha a los que no les gustaba que Alemania tomara el control de la Francia de Vichy, sacerdotes católicos romanos, estudiantes y profesores, personas de otros países (incluidos los alemanes antinazis) y, por supuesto, los ciudadanos judíos.

Aunque hubo resistencia desde el principio, no fue hasta 1942 que se organizó la Resistencia francesa.

Hasta entonces, no habían sido capaces de ponerse en contacto con los Aliados, por lo que todos sus esfuerzos fueron bastante limitados. Pero según fue pasando el tiempo, los países aliados fueron capaces de ofrecer apoyo y la resistencia se volvió más unificada y mejor organizada en toda Francia.

Las Fuerzas Francesas Libres

Un poco más organizadas y un poco más centradas en tácticas de guerra que la Resistencia francesa, las Fuerzas Francesas Libres se crearon en 1940 y rechazaron tanto la autoridad alemana como la autoridad de la Francia de Vichy. La autoridad que apoyaron fue el general Charles de Gaulle, que exigió que Francia resistiera la ocupación nazi en cada término.

El 18 de junio de 1940, de Gaulle dio un discurso en la radio BBC (en francés) en el que dijo: «Créanme, yo, quien les habla a ustedes con todo el conocimiento de los hechos y quien puede decirles que nada está perdido para Francia. Los mismos medios que nos derrotaron pueden traernos la victoria algún día». Winston Churchill se aseguró personalmente de que fuera retransmitido en Inglaterra, a pesar de la resistencia del gabinete británico, que estaba preocupado de que el discurso provocara a los nazis.

Mientras que en un principio las Fuerzas francesas libres eran un ejército muy pequeño formado por voluntarios, su número aumentó cuando los miembros de la Resistencia se unieron a ellos, y también se fusionaron con la *Armée d'Afrique*, un ejército reclutado de las colonias francesas en África del Norte.

De Gaulle fue acusado de traición por la Francia de Vichy, pero eso no le detuvo de liderar un ejército impresionante y ser aclamado como un héroe nacional por los franceses desde entonces.

La liberación de París

París había estado bajo el control nazi desde el principio y, en agosto de 1944, los parisinos finalmente habían tenido suficiente.

Los líderes militares no franceses no consideraron la liberación de París como algo muy importante. Después de todo, ya llevaba cuatro años bajo el control nazi. Hitler también había dado la orden de destruir París si los aliados la atacaban. Todo el mundo era cauteloso de hacer algo que le provocara.

Sin embargo, Charles de Gaulle no estaba interesado en esperar al «momento perfecto» para hacer un movimiento. Envió a un pequeño grupo de soldados a París y les informó de que todas las Fuerzas Francesas Libres estarían allí al día siguiente, y cumplió su promesa. El 25 de agosto de 1944, un ejército de soldados españoles irrumpió en París, seguido por las divisiones francesas y estadounidenses. Pasó menos de un día antes de que Choltitz, el gobernador militar alemán de París, se rindiera.

Y, a pesar de sus amenazas, no destruyó París, aunque se ha hablado mucho sobre si eligió no hacerlo por su propia voluntad, fue convencido por las fuerzas aliadas de no hacerlo, o simplemente no tuvo la oportunidad de dar las órdenes.

CURIOSIDADES

1. La escasez en Gran Bretaña era tan extrema que a los soldados británicos se les racionaba a tres hojas de papel higiénico por día.

2. Durante el racionamiento de comida, un biólogo británico estaba tan hambriento que se comió una rata de laboratorio.

3. La princesa de Inglaterra fue conductora y mecánica durante la Segunda Guerra Mundial. Puede que conozcas su nombre… Isabel.

4. Aparentemente, Hitler odiaba el pintalabios y pensaba que le restaba valor a la belleza natural. ¡Por eso se animaba a las mujeres británicas a llevar pintalabios rojo intenso y los labios perfilados por fuera! Aunque otros cosméticos eran racionados, se consideraba al pintalabios rojo lo suficientemente importante para preservar la moral como para no limitarse.

5. Durante el Blitz, los oficiales británicos esperaban un pánico generalizado, intentos de suicidio y enfermedades mentales. Incluso abrieron clínicas especiales para las víctimas conmocionadas. Sin embargo, éstas clínicas cerraron porque la demanda era muy baja. Los civiles británicos estaban tan decididos a sobrevivir a la guerra que

no permitieron que sus mentes se deterioraran durante los bombardeos.

6. El sistema de metro de Londres (coloquialmente llamado *The Tube*) fue uno de los mejores y más populares refugios contra bombardeos. Unas 150 mil personas dormían allí cada noche.

7. ¿Recuerdas la escena de la película *Zoolander* en la que se revela una conspiración que dice que cada gran asesinato de la historia se llevó a cabo por modelos masculinos? Tres intentos para adivinar qué trabajo tenía Jack Churchill antes de la Segunda Guerra Mundial. Así es: modelo masculino.

8. Alemania se hizo famosa por sus disparatadas ideas para armas y tácticas, pero Gran Bretaña tenía su propia parte justa. El proyecto Habukkuk fue un plan británico para construir un portaaviones completamente de hielo y pulpa de celulosa. Fue planeado en Alberta, Canadá (donde las temperaturas normalmente caen por debajo de -40 grados centígrados), pero finalmente se archivó por ser caro y poco práctico.

9. En 1940, Francia tenía un ejército más grande que Alemania, con más mano de obra y más armamento.

10. A pesar de los números superiores de Francia, la batalla de Francia duró solo 46 días antes de ser aplastados por las fuerzas alemanas.

11. La Resistencia francesa adoptó la Cruz de Lorena como su símbolo, una cruz con dos barras horizontales. No fueron los primeros en usar Cruz de Lorena. ¡Aparece una variación de la cruz de dos brazos en el escudo de armas de Juana de Arco!

12. Antes de la Segunda Guerra Mundial, el feminismo era popular en Francia, pero tanto los nazis como Pétain tenían ideas bastante estrictas sobre los roles de las mujeres (eso es, debían de quedarse en casa y tener muchos bebés). Mientras que la Resistencia francesa no era exactamente profeminista, algunas mujeres se unieron a ella para intentar evitar un paso atrás hacia las ideas limitantes sobre la feminidad.

13. El sur de los Estados Unidos (sobre todo Luisiana) tenía una gran población de cajunes, formada por canadienses franceses (o acadianos) que habían sido deportados casi doscientos años antes. Los cajunes en el ejército de los Estados Unidos podían colaborar con los franceses para ofrecer apoyo estadounidense a la Resistencia.

14. Una de las maneras en que los franceses resistieron a los alemanes fue económicamente. Los mineros de carbón franceses se pusieron en huelga, deteniendo los envíos de carbón que estaban obligados a enviar a Alemania.

15. Winston Churchill fue elegido primer ministro de Gran Bretaña cuando la guerra estalló. Era conocido por su personalidad descarada, por lo que fue una elección tan popular. Una leyenda urbana cuenta que una mujer una vez le dijo: «Si fuese mi marido, le envenenaría la comida». A lo que él respondió: «Señora, si fuese su marido, me la comería».

16. Un combatiente francés de la resistencia murió por comer explosivos de plástico que confundió con queso.

17. España supuestamente iba a mantenerse neutral durante la Segunda Guerra Mundial, pero no tuvieron reparos en ayudar a liberar a Francia de los alemanes.

18. Los musulmanes no eran el objetivo de los nazis como lo eran los judíos. La mezquita de París dio a los ciudadanos judíos documentos de identificación musulmanes para protegerles.

19. En 1940, el armisticio entre Francia y Alemania se firmó en el mismo vagón de ferrocarril en el que Alemania firmó su rendición después de la Primera Guerra Mundial.

20. Antes de la Primera Guerra Mundial, Francia estaba en la misma zona horaria que Inglaterra. Cuando Alemania la ocupó, obligaron a Francia a cambiar su zona horaria para ser la misma que la de Alemania. Así sigue siendo hoy en día.

PÓNGASE A PRUEBA: PREGUNTAS Y RESPUESTAS

1. ¿Qué significa *Blitzkrieg*?

    a. Ataque anticipado
    b. Guerra relámpago
    c. Bombardeos nocturnos

2. ¿Quién *no* fue primer ministro británico durante la Segunda Guerra Mundial?

    a. Wallis Simpson
    b. Neville Chamberlain
    c. Winston Churchill

3. ¿Cuál de las siguientes *no* fue realizada por Jack Churchill?

    a. Tocó *March of the Cameron Men* en la gaita antes de ir a la batalla
    b. Escapó de un campo de concentración por un tubo de desagüe
    c. Se interpretó a sí mismo en la película *Dunkerque*

4. ¿Qué símbolo adoptó la Resistencia Francesa?

    a. La flor de lis
    b. La Cruz de Lorena
    c. La bandera tricolor

5. ¿Cuál fue la postura política *oficial* de la Francia de Vichy?

a. Apoyó a las Potencias Aliadas, como Gran Bretaña
b. Fue neutral
c. Apoyó a las Potencias del Eje, como Alemania

Respuestas

1. c
2. a
3. c
4. b
5. b

CAPÍTULO TRES:

ESTADOS UNIDOS Y LA UNIÓN SOVIÉTICA EN GUERRA

Igual que en la Primera Guerra Mundial, Estados Unidos tardó un poco más en unirse a la guerra que otros países. Sobre todo después del absoluto desastre que fue la Primera Guerra Mundial, Estados Unidos no estaba exactamente entusiasmado por involucrarse en otra guerra en tierras europeas. Sin embargo, cuando Japón bombardeó Pearl Harbour, Estados Unidos decidió ir con todo.

Por otro lado, la Unión Soviética acabó siendo uno de los mayores participantes de la Segunda Guerra Mundial, sufriendo las mayores pérdidas en su ejército y, en general, llevándose la peor parte de la agresión militar de Alemania. Estaban bastante furiosos con el ejército nazi (y un poco resentidos con los otros aliados, de quienes a veces sentían que «no estaban poniendo de su parte»), y estaban preparados para usar cualquier medio necesario para diezmar al ejército alemán.

Puesto que, cuando la guerra acabó, parecía que Estados Unidos y la Unión Soviética eran las mayores superpotencias en el panorama mundial, únicamente tiene sentido que aprendamos sobre ellos a la vez. Eran aliados, pero siempre estuvieron un poco incómodos entre ellos, así que ¡recuerde esta tensión mientras aprende acerca de su participación en la guerra!

La guerra con Japón

Mientras Alemania era el objetivo principal de los esfuerzos militares británicos, Estados Unidos estaba más preocupado por Japón. No resulta muy sorprendente, ¡ya que Japón fue el país que les bombardeó mientras Alemania se había mantenido fuera de su camino! Mucha de la propaganda bélica estadounidense acabó centrándose en los japoneses y la guerra del Pacífico, en vez de en Hitler y la guerra europea. Esto era diferente de la actitud general en Europa, la cual era que tenían que ocuparse de Alemania primero, antes de comenzar a preocuparse por lo que estaba sucediendo en Japón.

Durante aproximadamente medio año, el ejército estadounidense luchó por mantenerse a flote, mientras Japón mantuvo éxito tras éxito. Sin embargo, en junio de 1942, los estadounidenses ganaron la batalla de Midway y cambiaron el curso de los japoneses.

En la batalla de Midway, Japón contaba con el elemento sorpresa que le había funcionado tan bien en Pearl Harbour, pero sus códigos fueron descifrados y los estadounidenses supieron cuándo y dónde tendría lugar el ataque, y tendieron una emboscada a la armada japonesa. Destruyeron los cuatro portaaviones de Japón, mientras que ellos solo perdieron uno de los suyos.

La derrota significó tanto para Japón que el ejército japonés comenzó a tener dificultades para reemplazar a sus soldados y armamento perdidos, dejándoles en desventaja para el resto de la guerra.

Los superpoderes de Estados Unidos

Desde la perspectiva de los europeos que estaban sufriendo durante la Segunda Guerra Mundial, Estados Unidos parecía el Superman de los países: nada podía hacerle daño. Por una parte, América del Norte tenía recursos naturales cuantiosos, comparado con los países europeos. No es que sea muy difícil, si tenemos en cuenta que Estados Unidos tiene casi diez millones de kilómetros cuadrados, mientras que Francia tiene seis mil quinientos kilómetros cuadrados; aun así, es impresionante. Canadá es más grande que

Estados Unidos en términos de masa de tierra y, al menos, igual de rico en recursos naturales; pero su población era una fracción de la de Estados Unidos, y no estaba tan desarrollada industrialmente en aquel momento, lo que convertía a Estados Unidos en una potencia mucho mayor.

Pero, además de eso, Estados Unidos estaba separado de Europa por miles de millas de océano. Aunque no fue difícil para los nazis invadir Francia o bombardear Gran Bretaña, hubiera sido una gran inversión para ellos, incluso, llevar sus aviones hasta Estados Unidos; mucho menos, realmente, lanzar bombas en los centros políticos y económicos de Estados Unidos, ¡los cuales estaban bastante esparcidos, comparados con los de Europa!

Japón se acercó lo suficiente a Hawái como para atacar, pero Hawái todavía está a dos mil millas y media del territorio continental de Estados Unidos. Aun así, el bombardeo de Pearl Harbour fue un esfuerzo mucho menos sostenido que los ataques que Alemania efectuó en Londres. Necesitó más recursos y planeamiento, y fue más difícil de repetir.

Estados Unidos parecía un país superhéroe en la Segunda Guerra Mundial, pero sus superpoderes no eran para nada algo misterioso: era enorme y estaba muy alejado.

Charlas junto a la chimenea

Incluso antes de que Estados Unidos entrara a la guerra, la opinión pública favorecía a las Potencias Aliadas (como Gran Bretaña) por encima de las Potencias del Eje (como Alemania). La gente todavía no sabía exactamente cómo era la «máquina de guerra» de Hitler y, por supuesto, no sabían que estaba planeando matar a millones de civiles judíos y otros grupos desafortunados, pero sí sabían que no les gustaba adonde se estaban dirigiendo los fascistas europeos. Lo veían como algo en contra de los valores estadounidenses, ¡y Estados Unidos siempre se ha interesado mucho en los valores!

Parte de la razón por la que el público era tan antinazi (en general) fue gracias al presidente Franklin Delano Roosevelt, quien creó un programa de radio muy popular llamado «Charlas junto a la chimenea» en la década anterior.

Roosevelt comenzó a hacer sus *Charlas junto a la chimenea* durante la Gran Depresión, cuando se dio cuenta de que la mayoría de las personas no sabía qué estaba sucediendo, excepto que las cosas estaban mal, y su ignorancia estaba alimentando el miedo y el enojo. El objetivo de las *Charlas junto a la chimenea* era informar a la gente sobre la política en Estados Unidos, desde la fuente más fiable (el propio presidente), de una manera tranquila, reflexiva e informal; ¡como si estuvieran sentados junto al fuego y charlando! Fueron importantes para disipar las tensiones que estaban teniendo lugar en Estados Unidos durante la Depresión, manteniendo a la gente informada; e hicieron lo mismo durante la Segunda Guerra Mundial.

Cuando las cosas comenzaron a ponerse feas en Europa, Roosevelt dedicó tiempo a sus charlas junto al fuego para explicar la situación en Europa. Por supuesto que sus charlas tenían mucho que ver con lo que él opinaba, ¡y su opinión era claramente a favor de Gran Bretaña! Dirigiéndose a la población estadounidense, explicó por qué era buena idea apoyar a Gran Bretaña y no a Alemania, y la mayoría estuvo de acuerdo rápidamente.

La guerra no declarada contra China

Estados Unidos era también uno de los pocos países que no tenía ningún interés en absoluto en ayudar a China cuando Japón le estaba atacando. Sin embargo, en 1937, cuando estalló la Segunda Guerra Sino-japonesa (como se discutió en el capítulo uno), los actos de neutralidad de Estados Unidos todavía le impedían ayudar a cualquier país en guerra. Como ahora sabemos, esos actos de neutralidad ya no pertenecían a este mundo, pero, en aquel momento, Roosevelt sabía que habría indignación por parte de los aislacionistas estadounidenses si él ayudaba a un país para la guerra.

Por suerte para Roosevelt (y para China), la Segunda Guerra Sino-japonesa nunca fue oficialmente declarada. El ejército japonés no parecía pensar que merecía la pena *decir* oficialmente a China que iban a atacarles, cuando era mucho más fácil seguir adelante y atacar (la explicación oficial fue que el gobierno de China estaba demasiado fracturado para enviarles un mensaje). Sin embargo, como no se declaró la guerra y lo consideraron un «incidente», Estados Unidos tenía todo el derecho de enviar ayuda a China, y lo hizo. La opinión pública fue, en general, a favor de China, y Roosevelt no sufrió muy mala prensa cuando decidió enviar ayuda a Chiang Kai-shek, líder de la República de China.

Reclutamiento para tiempos de paz

En 1940, Estados Unidos seguía intentando evitar involucrarse en la guerra en Europa, pero se estaba haciendo obvio que, a menos que algo acerca de la situación cambiara, tendrían que unirse a la guerra en algún momento. Por eso, el gobierno estadounidense creó su primer reclutamiento para tiempos de paz —reclutando a un ejército incluso antes de que declararan la guerra—.

En teoría, solo porque un país comience a reclutar soldados y crear un ejército, no significa que esté planeando ir a la guerra. Hoy en día, muchos países tienen un servicio militar obligatorio y no se espera que todos ellos inicien luchas en cualquier momento. Pero, ante el clima de 1940, esto era una señal de que Estados Unidos estaba dispuesto a comenzar a combatir, si fuese necesario.

Técnicamente, *todavía* existe un reclutamiento en Estados Unidos, pero es un poco diferente. Todos los hombres aptos *podrían* ser convocados en cualquier momento, si hay una guerra, pero no tienen que hacer ningún tipo de entrenamiento militar *hasta* que haya una guerra; por tanto, *realmente* no están en el ejército *todavía*. En 1940, Estados Unidos parecía estar diciendo: «Bueno, no estamos *planeando* entrar en guerra, pero, por si acaso, tenemos algunos cientos de miles de soldados entrenados y preparados».

Bataán, 1942

El bombardeo de Pearl Harbour es una tragedia estadounidense reconocida internacionalmente, donde fueron asesinados 2.400 estadounidenses aproximadamente. Pero miles de soldados estadounidenses (y filipinos) también murieron después de la desafortunada rendición de Estados Unidos en Bataán. No murieron en un bombardeo sino en un largo y brutal paseo conocido como la Marcha de la Muerte de Bataán.

Bataán es una península en las islas de Filipinas que, antes de la Segunda Guerra Mundial, había estado bajo el control estadounidense. Como parte de su proyecto de expansión, el ejército japonés decidió capturar Bataán en la primavera de 1942. Combatieron durante tres meses contra las tropas estadounidenses y filipinas que estaban apostadas allí, pero el ejército estadounidense en Bataán no recibía ninguna ayuda de la marina o de la fuerza aérea y, después de tres meses, fueron obligados a rendirse.

Las tropas habían estado muriendo de hambre y enfermas mientras estaban bajo ataque, y las cosas solo empeoraron una vez que se rindieron. El ejército japonés juntó a los estadounidenses y filipinos en grupos de 100, después les hicieron marchar sesenta y cinco millas a través de la península, hacia un campo de prisioneros de guerra.

El calor era extremo, las tropas ya estaban debilitadas por la larga batalla y el ejército japonés que les había capturado no tenía problemas en golpear a las tropas o incluso apuñalarles con bayonetas si estaban demasiado débiles para caminar. Los afortunados que sobrevivieron a los campos, donde también se les golpeaba y maltrataba, sucumbieron a la enfermedad y estaban muertos de hambre. Aunque el número exacto se desconoce, 75.000 tropas fueron capturadas y la cifra de víctimas fue indudablemente cuantiosa.

Operación Husky

Estados Unidos comenzó sus actividades en la Segunda Guerra Mundial en el Pacífico, combatiendo contra Japón. Después, se unió a la lucha británica en el África del Norte y, *después*, alrededor de 1943, en vez de atacar a los alemanes que estaban ocupando Francia, Estados Unidos decidió invadir Sicilia, que formaba parte de Italia y estaba controlada por fascistas italianos, que eran aliados de Hitler. A esta invasión se le dio el nombre en código de «Operación Husky».

El ataque de Estados Unidos a Sicilia implicó ataques por mar y aire, lo que debilitó a las fuerzas italianas, incluso antes de que empezaran a atacar por tierra.

Este ataque logró algunas cosas diferentes. Por un lado, cuando Sicilia fue capturada, los barcos de los Aliados pudieron usar ese espacio para viajar por mar, tomando rutas a través del mar Mediterráneo para llegar de un lado de Europa a otro, en vez de tener que ir por tierra. Por otro, derrocaron al dictador italiano Benito Mussolini. Esto también distrajo a los alemanes de sus ataques en el frente oriental, ya que desviaron a sus tropas para ayudar a los italianos, debilitando a su estrategia general.

La llegada de los soldados estadounidenses

En 1942, cuando los soldados estadounidenses llegaron a Gran Bretaña, estaban bien financiados, entusiasmados y eran, en una palabra, *geniales*. Sus salarios y raciones eran mucho más grandes que los limitados recursos de los británicos, y traían cigarrillos y latas de Coca-Cola, además de mucho espíritu fiestero.

La mayoría de los británicos, en aquel momento, no habían conocido a muchos estadounidenses (si es que habían conocido a alguno), excepto, quizás, si habían servido en algún regimiento cercano durante la Primera Guerra Mundial. Los vaqueros (especialmente los vaqueros exitosos financieramente) habían estado muy «de moda» durante la última parte de la época victoriana, por lo que la mayoría de las imágenes que tenían de los estadounidenses eran de pistoleros, muy atractivos y millonarios por mérito propio. Un adolescente británico recuerda haber pensado que los estadounidenses eran «altos, impecablemente vestidos, [y] que recorrían el país disparando a los indios».

Los estadounidenses que se presentaron en Gran Bretaña no eran exactamente como se imaginaban, pero sí que inyectaron un poco de espíritu y patriotismo a la Inglaterra sumida en la miseria, cuando hacía tanta falta. También alardearon de su dinero, celebraron fiestas, tocaron música jazz, coquetearon con chicas inglesas y les compraron regalos caros. ¡El estereotipo del hombre del «viejo oeste» no desapareció precisamente!

El Día D

Lo crea usted o no, el Día D, la invasión de Normandía en 1944, fue la primera ofensiva real de Estados Unidos *directamente* contra los nazis en Europa. También es una de las campañas militares más famosas de toda la historia. Fue la invasión más grande jamás realizada por mar y marcó el comienzo del fin de las Potencias del Eje.

Las tropas aliadas desembarcaron en Normandía (Francia) en la medianoche del 6 de junio, y las divisiones blindadas llegaron temprano aquella mañana. En aquel momento, Alemania llevaba la delantera. Las playas a las que llegaron estaban cubiertas de alambre de púas y minas, y los soldados estaban apostados detrás de los muros, disparándoles. Sin embargo, después de casi una semana, las tropas aliadas habían capturado todas las playas y fueron capaces, entonces, de expandirse cada vez más hacia la Francia continental, una vez tuvieron su posición establecida en la costa.

Se estima que, al menos, 10.000 soldados aliados murieron en las campañas del Día D, aunque solo se confirmaron unos 4.500. Las estimaciones de las muertes alemanas son más bajas: entre 4.000 y 9.000. Sin embargo, incluso con las cuantiosas muertes, este fue el mayor éxito de los Aliados, y las cosas solo mejorarían desde entonces.

Avanzando hacia el este: Esferas de influencia

Ahora que ya usted sabe todo sobre los estadounidenses en la Segunda Guerra Mundial, echemos un vistazo al frente oriental, donde la Unión Soviética (Rusia y los países que habían sido convencidos por el tipo de gobierno comunista de Rusia) estaba pasando por un momento bastante malo.

Cuando comenzó la Segunda Guerra Mundial, la Unión Soviética no quería *realmente* combatir contra Alemania. En el verano de 1939, firmaron un pacto donde prometieron que ningún país invadiría al otro. También dividieron los territorios que, tanto Alemania como Rusia, habían reclamado (como Rumania, Finlandia y, por supuesto, Polonia) en lo que denominaron las «esferas de influencia» alemanas y soviéticas.

Una «esfera de influencia» es un territorio (como un país o estado) que no está gobernado por otro país, pero se ve afectado por su cultura, economía y política. Piense en ello como si se tratara del hermano menor de un país más grande. El país más grande no es *técnicamente* el jefe, pero si el país más grande quiere que el otro haga algo, hay bastantes probabilidades de que la compañía más pequeña querrá hacerlo.

Sin embargo, aunque los nazis y los soviéticos se tomaron su tiempo para hacer este pacto, lo infringieron casi de inmediato; y se convirtió en la ley de la selva, en la que, tanto el ejército alemán como el soviético, fueron por las esferas de influencia del otro sin vacilación.

La batalla de Stalingrado

La batalla de Stalingrado podría ser una de las batallas más famosas de toda la historia militar. Fue una batalla entre los ejércitos nazi y soviético en la ciudad de Stalingrado, al sur de Rusia.

En agosto de 1942, los alemanes decidieron que era hora de tomar esta ciudad tan importante estratégicamente y utilizaron la misma táctica que estaban usando contra Gran Bretaña: bombardeos aéreos que dejaron la ciudad en ruinas y costaron la vida de muchos civiles. También utilizaron una técnica llamada «combate puerta a puerta», en la que se aprovechan las casas y edificios para tender emboscadas y se logra que la fuerza real del arsenal de cada bando sea menos importante.

El ejército alemán estaba utilizando dos de sus ejércitos asociados, Rumania y Hungría, para protegerse a cada lado mientras atacaban la ciudad. Estos ejércitos eran mucho menos poderosos que el ejército alemán, por lo que estaban siendo utilizados como protección, en primer lugar, pero el ejército soviético se aprovechó de eso. Después de cuatro meses de combate, en el que poco a poco fueron aplastados y forzados a retirarse por los alemanes, lanzaron un ataque al ejército rumano y húngaro; y, al vencerlos, fueron capaces de sitiar al ejército alemán.

La rendición en Stalingrado

Hitler ordenó a sus ejércitos quedarse en Stalingrado, diciendo que les enviaría provisiones por aire. Fue tal como un asedio medieval. Se suponía que los ejércitos del Eje y alemán debían quedarse dentro de la ciudad, negarse a permitir que fuese capturada y esperar a que las tropas soviéticas quedaran exhaustas.

Sin embargo, aunque los asedios pudieron haber funcionado en el medioevo, no son la mejor técnica en una guerra del siglo XX. Los soviéticos tenían una ventaja perceptible y no tenían planes de retirarse.

Después de dos meses de lucha, las pocas tropas del Eje que seguían vivas estaban preparadas para rendirse ante los soviéticos. Sabían que no se podía ganar. A estas alturas, ya estaban adentrados en el invierno ruso y los soldados alemanes no estaban bien preparados. Después de todo, habían invadido en verano y solo tenían sus uniformes de verano.

Hitler no entendía, o no le importaba, esta grave situación. Ordenó a sus ejércitos no rendirse y entonces, cuando el capitán general, Friedrich Paulus, comunicó que iban a hacerlo, Hitler le ordenó suicidarse si era capturado.

A esta cruenta orden de Hitler, Paulus contestó, con una valentía que enorgullecería a Jack Churchill: «No tengo intención de dispararme por este cabo bohemio».

El juramento del Ejército Rojo

Como la situación política en Rusia no era muy buena, incluso fuera de la guerra, los líderes estaban preocupados de que los soldados reclutados en el ejército estuvieran tentados a desertar, huir del ejército o compartir información con el otro bando. Esta era una preocupación bastante razonable. La zona que necesitaban proteger era enorme y estaba rodeada de enemigos. Tampoco ayudaba que el número de muertos fuese cuantioso. Por eso, crearon un juramento que todos los soldados debían prestar al final del entrenamiento, centrado en los principales puntos de su ideología comunista para intentar mantener a los soldados concentrados en las razones morales para ir a la guerra.

Gordon Rottman tradujo el juramento del Ejército Rojo como:

Yo, [nombre del soldado], ciudadano de la Unión de las Repúblicas Socialistas Soviéticas, ingresando en las filas del Ejército Rojo de Obreros y Campesinos, hago este juramento y prometo solemnemente ser un combatiente honesto, valiente, disciplinado, vigilante, proteger incondicionalmente los secretos

militares y de estado, y obedecer incuestionable-
mente todas las normas militares y órdenes de
comandantes y superiores.

Prometo conscientemente estudiar los asuntos
militares, de todas las formas, para proteger los
secretos de estado y la propiedad del estado, y hasta
mi último aliento ser fiel al pueblo, la patria
soviética, y al gobierno de los obreros y campesinos.

Siempre estoy preparado por orden del gobierno de
trabajadores y campesinos para levantarme en la
defensa de mi patria, la Unión de Repúblicas
Socialistas Soviéticas; y como combatiente del
Ejército Rojo de los Obreros y Campesinos, prometo
defenderla con valentía, destreza, dignidad y honor,
sin escatimar mi sangre ni mi propia vida para el
logro de la victoria absoluta sobre nuestros
enemigos.

Si por mala intención debiera infringir este, mi
juramento solemne, entonces permitan que el
castigo severo de la ley soviética y el odio y
desprecio de las clases obreras recaiga sobre mí.

La tumba polaca

En caso de que piense que los soviéticos eran más
amigables que los nazis solo porque estaban en el
bando de los Aliados en la guerra, ellos estaban tan
dispuestos a masacrar a sus enemigos tanto como los

alemanes. Joseph Stalin, líder de la Unión Soviética, en realidad pudo haber tenido un recuento de cadáveres mucho mayor que Hitler. Sin duda, él tampoco era muy fanático de Polonia, sobre todo de los polacos que querían independizarse de las esferas de influencia de los nazis *y* de los soviéticos.

Tampoco tenía miedo de demostrarlo —mediante el asesinato de soldados y civiles polacos por igual—.

Cuando un general polaco le preguntó a Stalin dónde estaban los oficiales polacos que Stalin había «liberado», Stalin afirmó que el ejército soviético les había «perdido la pista», hasta que un grupo de trabajadores del ferrocarril los encontró en una fosa común.

Tanto los soviéticos como los nazis intentaron echarse la culpa el uno al otro: los nazis usándolo para sembrar desconfianza entre los Aliados, y los soviéticos intentando culpar a los soldados alemanes. Los nazis predijeron que esto probablemente sucedería y estaban furiosos porque, por una vez, ¡*no fueron* ellos quienes lo hicieron! Eso fue motivo de polémica durante décadas.

Sin embargo, en 1990, los soviéticos por fin admitieron que fueron los únicos que masacraron a los soldados polacos.

La batalla de Berlín

La batalla de Berlín fue la última batalla importante en Europa en la Segunda Guerra Mundial, entre la Unión Soviética y Alemania. Para entonces, el ejército soviético era casi tres veces más grande que el ejército nazi, y la cantidad de artillería que dedicaron a la batalla era, igualmente, enorme.

Los ciudadanos de Berlín sabían que el fin estaba cerca y los nazis también lo sabían. Pusieron a niños y ancianos al frente de la batalla, esperando que esto disuadiera al ejército soviético de una destrucción masiva, pero no lo hizo. El ejército soviético condujo tanques a la ciudad, arrasando prácticamente con ella, y dejó caer más de dos millones de proyectiles en Berlín y zonas aledañas.

Rusia perdió unos 80.000 soldados en batalla, mientras que solo cerca de la mitad de los 15.000 alemanes fueron asesinados durante ella. Fue una victoria decisiva para los Aliados y marcó el fin del régimen nazi.

CURIOSIDADES

1. En la década de 1930, cuando Estados Unidos estaba decidiendo si ayudar a China o no, resultó de ayuda que el escritor chino-estadounidense Pearl S. Buck tuviera, por casualidad, una de las novelas más vendidas del país, *The Good Earth*. Buck escribió sobre los horrores en China y despertó la simpatía y apoyo del público.

2. Durante la Segunda Guerra Mundial, Estados Unidos no quería *ningún* alimento que sonara alemán en sus menús. Desafortunadamente, una de las comidas más populares de Estados Unidos, la hamburguesa, se llamó así por la ciudad alemana de Hamburgo. Los estadounidenses no querían renunciar a aquella exquisitez, por lo que empezaron a llamarlas *liberty steaks* («filetes de libertad») en su lugar.

3. También comenzaron a llamar a los *frankfurters* —salchichas— (llamadas así por la ciudad alemana de Frankfurt) *hot dogs* (perros calientes). Este se hizo un poco más popular que los *liberty steaks*.

4. Canadá también le declaró la guerra a Japón después del bombardeo de Pearl Harbour, un día antes de que Estados Unidos se desplazara hasta allí.

5. Si adaptamos la inflación a los dólares estadounidenses actuales, la Segunda Guerra Mundial le costó a Estados Unidos unos 4.5 billones de dólares.

6. John R. McKinney, un soldado estadounidense en la campaña filipina de 1945, luchó contra un centenar de soldados japoneses él solo.

7. Hasta 1944, hubo siempre más soldados del ejército estadounidense en el Pacífico combatiendo a Japón que en Europa combatiendo a Alemania.

8. El Cuerpo de Infantería de Marina de Estados Unidos utilizó los acrónimos BAM y HAM para mujeres y hombres (respectivamente) en la Marina. Significan *Broad-Assed Marines* (Marines de trasero ancho) y *Hairy-Assed Marines* (Marines de trasero peludo).

9. El pacto entre los nazis y los soviéticos con respecto a qué países estaban bajo las esferas de influencia de cada uno no fue revelado hasta 1989.

10. Los soldados soviéticos lanzaban el grito de guerra ¡*Ura*! cuando atacaban. Es un grito de guerra tradicional ruso, proveniente de una antigua palabra turca que significa «¡asesinen!».

11. En la década de 1930, la Unión Soviética estaba trabajando en un diseño para un portaaviones de combate, pero no pudieron construir un motor lo

suficientemente potente para despegar del suelo. Los ingenieros sabían de una compañía que estaban creando motores suficientemente potentes: Rolls Royce. Le solicitaron a Stalin que pidiera a los británicos que les vendieran algunos motores Rolls Royce. Stalin señaló que los británicos eran sus enemigos en ese momento, pero lo intentó de todas formas y, sí, los británicos les vendieron los motores.

12. Rusia mantuvo el mayor número de muertes de cualquier país en la Segunda Guerra Mundial, con más de 21 millones de soldados y civiles asesinados.

13. La guerra con Rusia tampoco fue buena para Alemania: el 80% de los soldados alemanes que fueron asesinados en la Segunda Guerra Mundial murieron en el frente oriental, combatiendo a Rusia.

14. Y las cosas estaban mal también para las personas capturadas por los rusos. El 85% de todos los recluidos en los campos de prisioneros de guerra rusos murieron.

15. El ejército ruso fue el primero del mundo en usar paracaidistas.

16. La transfusión de sangre se inventó durante la Segunda Guerra Mundial y salvó cientos de miles de vidas.

17. El ejército soviético ha sido acusado de una terrible cantidad de crímenes de guerra ... incluyendo las violaciones de dos millones de mujeres alemanas.

18. La medalla de honor de los Estados Unidos fue otorgada a 464 estadounidenses, 266 póstumamente.

19. Una mujer soviética llamada Roza Shanina sirvió como francotiradora y asesinó, al menos, a 54 enemigos.

20. El clásico aperitivo norteamericano *Cheetos* se inventó en 1943 como una manera de liofilizar el queso para climas húmedos.

PÓNGASE A PRUEBA: PREGUNTAS Y RESPUESTAS

1. ¿Cuál de estos acontecimientos no tuvo lugar en el año 1942?

    a. La batalla de Stalingrado
    b. La batalla de Midway
    c. La batalla de Berlín

2. ¿Cómo llamó Friedrich Paulus a Hitler?

    a. «Cabo bohemio»
    b. «Artista de postales vienés»
    c. «Loco bávaro»

3. ¿Qué es una esfera de influencia?

    a. Las posesiones coloniales de un país
    b. Los países afectados por la cultura, política y economía de otro país
    c. Un experimento militar que protegía a los soldados en una burbuja invisible

4. ¿Cuál fue la estrategia de Rusia en la batalla de Stalingrado?

    a. Atrincherarse en la ciudad, como un asedio medieval
    b. Apartar al ejército alemán de sus aliados y rodearlo
    c. Arrasar la ciudad de Stalingrado con tanques

5. ¿Cómo llamaron los estadounidenses a las hamburguesas para evitar asociarlas con la ciudad alemana de Hamburgo?

   a. Carne patriota
   b. Emparedados de libertad
   c. Filetes de libertad

Respuestas

1. c
2. a
3. b
4. b
5. c

CAPÍTULO CUATRO:

ALEMANIA Y JAPÓN EN GUERRA

Alemania y Japón eran las mayores Potencias del Eje. Italia entró en una cercana tercera posición y Hungría, Rumanía y otros países diferentes se pusieron también de su lado, pero Alemania y Japón eran las más poderosas y las más ambiciosas. Con grandes planes y grandes armas, estos dos países acabaron causando estragos en todo el mundo.

Este capítulo presentará un par de hechos de otras potencias del Eje, pero, sobre todo, vamos a aprender sobre las dos grandes: Alemania y Japón. Fueron los países más agresivos con su campaña militar. Tenían mucho en común (como querer expandirse para tener territorios grandes y sentir que habían sido oprimidos por sus países vecinos), pero también tenían algunas diferencias bastantes notorias. A los japoneses no les importaba mucho la población judía y Alemania no estaba interesada en reclamar tierras en el Pacífico.

Mientras que los ejércitos de las Potencias del Eje cometieron crímenes de guerra terribles y han pasado (no erróneamente) a la historia como los «tipos malos», no estaban simplemente sin hacer nada, tramando cómo ser malvados, y no todos en sus países estaban de acuerdo con sus líderes. Continúe leyendo para descubrir qué estaba sucediendo en la Alemania nazi y el Japón imperial y cómo todo pudo salir tan mal.

Verbrennt man auch am Ende Menschen

Hitler comenzó pronto a intentar deshacerse de las voces discrepantes. En 1933, seis años enteros antes de invadir Polonia, el partido nazi ordenó una serie de quemas de libros en las universidades de toda Alemania. Los estudiantes y profesores, por igual, hicieron hogueras de libros que se consideraban «antialemanes».

Algunos de los libros que acabaron en estas fogatas eran de autores de la lengua inglesa, como Jack London y H. G. Wells. Otros eran de escritores judíos, como Sigmund Freud y Albert Einstein. Algunos eran novelas populares. Otros eran trabajos académicos y libros de texto importantes.

Antes de la era de internet, y sobre todo en un país donde la impresión y venta de libros era costosa y controlada por el gobierno, la quema de libros fue una manera sumamente eficiente de alejar a la gente de la información que les podía haber hecho pensar cualquier cosa que los nazis no querían que pensaran. Las personas que leyeran los trabajos de Freud o Einstein podrían tener un punto de vista más positivo y humanizado de los judíos, y leer libros ingleses haría mucho más difícil que la gente viera a los estadounidenses y británicos como el enemigo. Las quemas de libros fueron sucesos frecuentes que lograron que la gente se entusiasmara por el partido nazi y el acto de «purificar» sus mentes al destruir libros «impuros».

No olvide la famosa frase del poeta alemán del siglo XIX Heinrich Heine, un centenar de años antes de Hitler: *"Dort wo man Bücher verbrennt, verbrennt man auch am Ende Menschen"* … que significa «Donde hayan quemado libros, acabarán quemando personas».

La Noche de los Cuchillos Largos

También conocida como Operación *Hummingbird*, o el *Röhm Putsch*, la Noche de los Cuchillos Largos fue una serie de asesinatos políticos a finales de junio de 1934, contra los enemigos políticos de Hitler en Alemania o cualquiera que él pensara pudiera intentar limitar su poder.

Entre aquellos asesinados estaban los líderes del *Sturmabteilung*, que fue la organización paramilitar nazi. Estos líderes habían sido aliados y simpatizantes de Hitler, pero algunos de ellos también simpatizaban con los comunistas (lo cual Hitler no permitiría), y muchos otros, simplemente, no aprobaban el camino obvio hacia la dictadura que los Nazis seguían. Recuerde que los nazis eran el Partido Nacional*socialista*, y muchas personas del *Sturmabteilung* seguían más interesadas en el cambio económico socialista que en el totalitarismo y la limpieza étnica. Hitler también estaba preocupado de que el *Sturmabteilung* fuese demasiado independiente y que su tendencia a involucrarse en la violencia callejera dañara su imagen.

También fueron asesinadas otras personas, incluyendo izquierdistas, conservadores que apoyaban el antiguo gobierno de Alemania y cualquiera que hubiese expresado alguna vez una opinión antinazi. También asesinaron al político que había detenido el intento de Hitler de tomar por la fuerza Múnich, once años atrás.

No se sabe exactamente cuántas personas fueron asesinadas durante la Noche de los Cuchillos Largos. Fueron, al menos, 85, pero algunas estimaciones llegan a un millar; y otras mil personas fueron arrestadas por el *Schutzstaffel* y la *Gestapo*, la policía secreta.

El Salón Kitty

Si hay una cosa que los políticos ricos y estresados no pueden resistir es una buena prostituta. El general de las SS, Reinhard Heydrich, compró el famoso burdel «Salón Kitty» en Berlín, en 1939, con el plan de invitar a los políticos de alto rango, tanto alemanes como extranjeros, y sacarles información de manera casual mientras visitaban a las prostitutas.

La propietaria del burdel, Kitty Schmidt, fue obligada a cooperar con los nazis después de que se revelara que había estado dando dinero a los refugiados. Les entregó su burdel para convertirlo en un centro de espionaje nazi.

Cada mujer en el burdel era una espía entrenada. En el anuncio de prostitutas se leía: «Se buscan mujeres y chicas que sean inteligentes, multilingües, de mentalidad nacionalista, y locas por los hombres». Las habitaciones estaban equipadas con dispositivos de escucha y las mujeres debían realizar un informe después de cada encuentro, contándoles cualquier secreto que sus hombres pudiesen haber revelado.

No faltan historias escandalosas sobre los sucesos en el Salón Kitty, como la petición de un general de las SS de una orgía de 21 personas toda la noche, o el supuesto interés de Joseph Goebbels por ver «exhibiciones lésbicas». ¡Recuerde que la homosexualidad se consideraba razón para ir a un campo de concentración!

Propaganda erótica

Como si no fuera lo suficientemente extraño que los nazis tuvieran burdeles de espionaje especiales, había otras formas en las que los países de cada bando utilizaban el sexo para el esfuerzo bélico. Varios países, pero sobre todo Alemania, intentaron utilizar propaganda sexualmente explícita para minar la moral del enemigo. Era una técnica que formaba parte de la locura por las «operaciones psicológicas» de atacar la mente del enemigo empleando nuevas técnicas de psicología y psiquiatría y, aunque acabó siendo bastante infructuosa, nos ha dado algunos momentos interesantes de historia.

Se lanzaron miles de folletos sobre los soldados enemigos, en los que intentaron utilizar los temores sexuales, como el miedo a la violación o la impotencia, para desanimar a las tropas. Por ejemplo, los nazis crearon folletos donde mostraban escenas pacíficas y pastorales, pero, cuando se miraban a trasluz, revelaban imágenes de mujeres siendo violadas por soldados soviéticos, para intentar dividir a los soviéticos y los otros aliados. (Por supuesto, el ejército soviético sí que violó a muchas mujeres, por tanto, esta es una propaganda más sincera que la mayoría de las demás).

También crearon una serie de dibujos de mujeres jóvenes y hermosas siendo seducidas por estereotipos de hombres judíos, opulentos y con sobrepeso, con leyendas como «la chica que abandonaste». Estas tenían la intención de convencer a los soldados Aliados de que, mientras ellos estaban allá afuera, arriesgando sus vidas, sus esposas y novias estaban engañándolos con la misma gente que ellos intentaban proteger.

Asimismo, los folletos se distribuyeron a los británicos, donde se mostraban mujeres teniendo sexo con soldados estadounidenses. Esto se apoderó de su miedo a la popularidad de los soldados estadounidenses en Gran Bretaña, sobre los que hablamos en el capítulo anterior.

Otros países, tanto Aliados como del Eje, crearon propaganda con temas similares, todos con la intención de desanimar y deprimir a los soldados enemigos. Sin embargo, se ha determinado que, desde la Segunda Guerra Mundial, el tipo de imágenes sexualmente explícitas que se utilizaron en la propaganda bélica subió la moral, en vez de bajarla. En vez de sentirse desesperanzados cuando veían las imágenes de sus esposas y novias siendo seducidas por otros hombres, esto impulsó el entusiasmo de los soldados por acabar la guerra rápida y exitosamente.

El Holocausto, Parte 1: Los objetivos

El Holocausto es, por mucho, la parte más conocida de la Segunda Guerra Mundial. Él término proviene de las palabras griegas *«holos»* y *«kauston»*, que significan «todo quemado». Si usted no sabe nada de la batalla de Stalingrado, las Potencias del Eje y Aliadas o, incluso, la guerra del Pacífico, aun así, conocerá el Holocausto: el gran proyecto de Hitler para exterminar a cualquiera que fuese visto como «indeseable».

El grupo más grande de gente al que iba dirigido el Holocausto fue la población judía de Europa. Los judíos han sido perseguidos a lo largo de la historia, casi siempre por razones religiosas, pero Hitler tenía una nueva técnica: la raza.

A principios del siglo XX, una idea llamada «eugenesia» se hizo popular. La eugenesia era la idea de que la humanidad podría mejorarse sistemáticamente al alentar a las personas con «buenos genes» a que tuvieran más hijos y a la gente con «malos genes» a que tuvieran menos. En sus comienzos, la eugenesia fue fundamental para mejorar la educación sexual y el acceso al control de natalidad, y casi todo el mundo lo apoyó. Sin embargo, Hitler decidió ir más allá, al asesinar a las personas que él consideraba tenían «malos genes». Estos incluían a los judíos, romaníes, homosexuales y lesbianas y personas con discapacidades mentales o físicas o enfermedades crónicas.

También iba dirigido a los comunistas y oponentes políticos de los nazis, así que, aunque si por casualidad fueses como el ideal nazi, aún no estabas a salvo.

El Holocausto, Parte 2: La técnica

Los nazis no solo eligieron un día en el que salieron y fusilaron a todos los «indeseables» en la calle. Las semillas del Holocausto se sembraron mucho antes de la guerra, y cada paso del proceso era solo una pequeña escalada con respecto al anterior.

Primero, los nazis comenzaron a aprovecharse del odio que ya estaba arraigado en la cultura. Los judíos, homosexuales, lesbianas, discapacitados y romaníes (o «gitanos») habían sido objetos de odio durante siglos, por lo que no fue difícil promover este sentimiento contra ellos. Los nazis se centraron en los judíos porque un gran número de ellos eran adinerados, en comparación con Alemania en su totalidad. La propaganda nazi afirmaba que era la población judía quien tenía la culpa de que tantos alemanes vivieran en la pobreza, aunque sabemos que fue por los términos del Tratado de Versalles y no por alguna clase de conspiración judía. Alentaron a la gente a desconfiar, odiar y temer a sus vecinos.

Aprobaron leyes que limitaban los derechos humanos a los ciudadanos judíos. Se llamaron las Leyes de Núremberg, e impedían a los judíos ir a escuelas alemanas, usar instalaciones deportivas o incluso dirigir negocios. También se les requería que portasen las famosas insignias amarillas con la estrella de David, que les marcaba como judíos.

Después, los nazis comenzaron a animar a los alemanes arios (blancos, no judíos, no romaníes y, en otras palabras, «deseables») a cometer actos de violencia contra sus vecinos judíos. Rompieron escaparates de tiendas, robaron propiedades y se involucraron en peleas callejeras. Una noche de ataques acabó tan mal que se conoció como la Noche de los Cristales Rotos o *Kristallnacht*.

En 1941, después de que estalló la guerra, el ejército comenzó a formar unidades móviles de matanza, llamadas *Einsatzgruppen*, que disparaban a judíos y romaníes y tiraban sus cuerpos en fosas comunes. Pero esto no era lo suficientemente eficiente para Hitler, por lo que ordenó la construcción de campos de exterminio, donde los nazis podían matar a miles de «indeseables» en minutos.

Los campos de concentración

Los «campos de trabajo» y los campamentos de prisioneros de guerra no eran algo nuevo en la Segunda Guerra Mundial. Se habían utilizado en toda Europa durante siglos. Incluso durante la Segunda Guerra Mundial, Estados Unidos y Canadá tenían sus propios «campamentos de reclusión», donde encarcelaban a las personas de los países enemigos. Pero los nazis cambiaron las cosas de dos maneras importantes.

Primero, las personas internadas en los campos no eran soldados enemigos, no habían sido condenadas por ningún crimen y no eran prisioneros de guerra. Eran solo civiles polacos y alemanes normales. Y, segundo, mientras que otros campamentos tenían el fin de encerrar a sus prisioneros (y sí, las condiciones eran malas y mucha gente murió en ellos), los campamentos nazis se hicieron con el propósito específico de matar a tantas personas como fuera posible.

A algunos prisioneros se les desnudaba y se les llevaba a habitaciones camufladas como duchas en grupo, que después se llenaban con gas venenoso. A otros se les asignaban trabajos forzosos, como partir piedras, sin ningún fin más allá del sufrimiento. Y otros más se convertían en sujetos de experimentos médicos espantosos. Los cuerpos se incineraban en hornos gigantes.

Fuera de los campos de concentración, la gente tenía una vaga idea de que las personas iban a estos campamentos y no volvían, pero nadie conocía la tremenda magnitud de muerte y destrucción que estaba sucediendo en ellos. No fue hasta 1944, cuando las tropas Aliadas por fin tomaron el control de Polonia y Alemania, que comenzaron a descubrir los campos y a liberar a los prisioneros.

La Rosa Blanca

No todo el mundo en Alemania estaba de acuerdo con los nazis. De hecho, muchos de ellos se oponían firmemente. La Rosa Blanca (o *die Weiße Rose* en alemán) fue un grupo de resistencia centrado en Múnich en 1942 y 1943. Distribuían folletos y creaban grafitis antinazis para destruir la máquina propagandística nazi.

Los folletos hablaban sobre los crímenes de guerra que los nazis estaban cometiendo, exponían el asesinato en masa de los ciudadanos judíos y animaban a la gente a luchar contra el partido nazi. También contactaron a otros grupos de resistencia para compartir información.

La Rosa Blanca colaboraba con los estudiantes, comenzando en la Universidad de Múnich y expandiéndose a través de las ciudades de Ulm y Stuttgart. La iglesia católica también estaba involucrada y el obispo August von Galen escribió un sermón contra el régimen nazi donde informaba a la población sobre los campos de concentración y las políticas eugenésicas que los nazis estaban utilizando para «proteger el patrimonio genético alemán». Antes de eso, la mayoría de la gente en Alemania no entendía muy bien lo que les estaba sucediendo exactamente a sus vecinos judíos, lo que dificultó mucho más conseguir el apoyo contra los nazis.

Una joven, llamada Sophie Scholl, obtuvo el permiso de copiar el sermón y distribuirlo en su universidad. Ella, su hermano, sus profesores y su grupo de amigos continuaron distribuyendo la información de esta manera hasta que fueron todos arrestados por la Gestapo, en 1943, y declarados culpables de traición.

Operación Valquiria

La Operación Valquiria, también conocida como el atentado del 20 de julio de 1944, fue un plan de Claus von Stauffenberg y un grupo de otros nazis insatisfechos para asesinar a Adolf Hitler.

Stauffenberg y sus cómplices compartieron la ideología de Hitler desde el principio, pero en 1944, cuando tuvo lugar la Operación Valquiria, era obvio que Hitler estaba loco de poder y que nada iba a acabar bien para Alemania. Stauffenberg quería tomar el control de Alemania y hacer la paz inmediatamente con las Potencias Aliadas. Estaban preocupados de que, cuando Alemania cayera inevitablemente ante los Aliados, pensaran que todos los alemanes eran como Hitler y no dudaran en llevar a cabo ejecuciones o encarcelamientos en masa.

El plan era matar a Hitler en una reunión en la sala de conferencias de *Wolfsschanze* con una bomba escondida en un maletín. Stauffenberg situó la bomba debajo de la mesa en una conferencia cerca de donde

Hitler estaba sentado y después recibió una llamada planeada y abandonó la sala.

Desafortunadamente para Stauffenberg, un coronel asistente hizo a un lado el maletín, colocándolo detrás de la pata de la mesa de conferencias y, cuando este explotó, mató a cuatro personas, hirió a más de veinte y dejó a Hitler con un uniforme chamuscado y un tímpano perforado.

La motivación de Japón

Bien, ahora sabemos lo que estaba sucediendo en Alemania. Los nazis se aprovecharon del descontento político y los cientos de años de persecución para exterminar a cualquiera que ellos no pensaran que encajaría en el molde del «alemán perfecto». Pero ¿qué pasa con Japón?

A Japón no le importaban los judíos. Había algunos judíos viviendo en Japón, y no se les trataba precisamente bien (a nadie que no fuera japonés), pero no estaban peor que los judíos que vivían en Estados Unidos, Gran Bretaña o la Unión Soviética. Entonces, si no compartían las políticas raciales que formaban la columna vertebral del partido nazi, ¿por qué Japón decidió ponerse del lado de los nazis?

Para hacerlo simple, Japón tenía miedo de volverse irrelevante. En el siglo XIX, su vecino, China, había pasado de ser una gran potencia a ser un estado fracturado, azotado por el crimen y políticamente incompetente en manos del imperio británico, y nadie los tomaba en serio.

Hasta la década de 1850, Japón había sido un país aislacionista, que intentaba mantenerse al margen de la política del resto del mundo. Sin embargo, en los años 50, se dieron cuenta de que, si querían sobrevivir como país y no ser fracturado como China, debían pasar del aislacionismo al expansionismo.

El expansionismo es exactamente como suena: el deseo de una nación de expandirse. Los expansionistas japoneses querían ejercer el poder en toda la zona del Pacífico. Mientras hacían esto, adoptaron muchos convenios occidentales que les hicieron parecer un adversario más «moderno» y, por ello, temible. También, como cualquier potencia principal, comenzó a firmar muchos tratados con otros países y, como cualquier potencia importante, entraron a la Primera Guerra Mundial y participaron en la disolución del imperio alemán, adueñándose de todas sus propiedades coloniales del Pacífico.

Entre una guerra y otra, comenzaron a ser más ambiciosos, pero la mayoría de Europa no estaba muy interesada en el expansionismo porque no querían otra Guerra Mundial. Por tanto, Japón comenzó a suavizar las cosas con el único país europeo que *sí estaba* interesado en el expansionismo: Alemania.

Durante un tiempo, Alemania y Japón se convirtieron en aliados incómodos, que compartían ciertos ideales, pero no estaban dispuestos a trabajar juntos realmente. No fue hasta el estallido de la guerra que se convirtieron en aliados oficiales, prácticamente operando bajo la antigua máxima «el enemigo de un enemigo es un amigo».

Yamato

El acorazado más grande del mundo se construyó en Japón, entre 1937 y 1940. Fue un proyecto de alto secreto, llevado a cabo justo delante de la embajada estadounidense. El único puerto lo suficientemente grande para llevar a cabo el proyecto era el Puerto de Tokio, que, por casualidad, también era donde los estadounidenses tenían su embajada en el extranjero. Aunque Japón y Estados Unidos no estaban todavía en guerra, las tensiones eran notables, y el gobierno japonés sabía que a Estados Unidos no le gustaría que ellos construyesen un navío tan grande.

El proyecto para construir Yamato se llevó a cabo en completo secreto. Se instalaron monitores y marquesinas alrededor de la obra en construcción, se bajó el muelle y se construyeron grandes y potentes grúas en él para levantar las partes para el barco.

En 1940, cuando el barco estaba listo para ponerse en marcha, el gobierno japonés desarrolló el plan perfecto para asegurarse de que los estadounidenses no lo vieran. Anunciaron un apagón en toda la ciudad. Alegando que era un simulacro de bombardeo aéreo (una declaración razonable, si tenemos en cuenta que los ataques aéreos eran una forma cada vez más popular de guerra), se pidió a todos los edificios de la ciudad que apagaran sus luces y pintaran sus ventanas de negro. Por supuesto, la embajada estadounidense lo hizo, dando a los japoneses la oportunidad de poner en lanzar el Yamato.

Kamikaze

Otra característica conocida de la Segunda Guerra Mundial fue la técnica japonesa del *kamikaze*, que se ha traducido como «viento divino». Fue la palabra que se dio a los tifones que mataron a los invasores mongoles de Japón en 1274, pero, ahora, ha llegado al conocimiento público como el nombre de los pilotos que llevaron a cabo ataques suicidas. También se usa, a veces, para referirse a otras «misiones suicidas» japonesas, como las de submarinos y lanchas motoras.

En japonés, el nombre formal de estos ataques era *okubetsu kōgeki tai*, que significa «unidad de ataque especial». La palabra *kamikaze* solo se utilizaba en comunicados de prensa informales en Japón, pero captó la atención del mundo. En el mundo moderno, una «misión kamikaze» es una expresión que se usa para cualquier tipo de actividad que es peligrosa hasta el punto de ser prácticamente suicida.

Los aviones kamikaze eran como una combinación de un avión y un misil —un explosivo aéreo gigante, pero uno que tenía que ser dirigido por un hombre vivo de verdad—. Por supuesto, prácticamente todos quienes volaban un avión kamikaze morían en la explosión cuando llegaban a su objetivo, pero tenían el fin de ser más precisos (y capaces de cargar más explosivos) que un ataque tradicional, por eso se veía con valor la pérdida de la vida.

Tristemente para estos pilotos desafortunados, solo el 11% de todos los ataques kamikazes tuvieron éxito. Aunque los aviones eran más fáciles de dirigir que un misil tradicional, seguían siendo muy difíciles de guiar y la mayoría fallaban sus objetivos.

Bushido

En la cultura occidental, hay un gran tabú en contra del suicidio. Es diferente de la cultura japonesa, donde tradicionalmente se veía como una opción preferible a una muerte dolorosa, cruenta o humillante en manos de un enemigo. Esto proviene de la tradición del *bushido*, que significa «el camino del Samurái», y describe la manera apropiada de comportarse que tiene un guerrero.

El concepto de *bushido* es parecido a la idea occidental de la caballería: un código de honor y moralidad para los soldados, que la gente normal también tiene que respetar. Sin embargo, aunque el concepto probablemente *existía* en textos antiguos, el *bushido* no se codificó hasta el Renacimiento. La palabra *bushido* no apareció en japonés hasta el siglo XVII y no se hizo popular en el uso común hasta 1899. Por tanto, cuando estalló la Segunda Guerra Mundial, el concepto del *bushido* era un código bastante reciente, aunque sus raíces se remontaban a mucho más atrás.

Se dice que el *bushido*, según el escritor y político Nitobe Inazō, está compuesto de ocho virtudes: justicia, valentía heroica, bondad, respeto, integridad, honor, deber y autocontrol. Los líderes japoneses impulsaban estas virtudes para convencer a los ciudadanos japoneses de participar en las batallas de la Segunda Guerra Mundial.

A través del adoctrinamiento, la propaganda y algunos buenos argumentos anticuados, los líderes convencían a sus soldados de que la única manera de expresar con propiedad el *bushido* era hacer todo lo que ellos decían, aunque eso significara sacrificar sus vidas. Por esta razón, los soldados japoneses eran famosos por su valentía en batalla, aparentemente sin temer por sus vidas en lo más mínimo, según sus enemigos.

La vida en Japón

Igual que no todos los alemanes eran nazis, no todos los ciudadanos japoneses estaban de acuerdo con su régimen. La mayoría de las personas, simplemente, intentaba vivir su vida. Los líderes intentaban con firmeza utilizar los valores culturales japoneses tradicionales de gratitud y compensación para convencer a los ciudadanos de querer hacer todo lo que pudieran por su régimen, pero, por supuesto, hubo resistencia. Un soldado japonés narró un suceso en el que fue a rescatar los cuerpos de un bombardeo en Tokio y una mujer le gritó: «¿Cómo te sientes por todas estas personas? ¿Puedes mirarlos?»

La vida diaria de los ciudadanos japoneses se centraba aún más que en los países europeos en el «frente interno». Se esperaba que, los que no eran soldados, pusieran de su parte en el esfuerzo bélico al trabajar en fábricas, confeccionar ropa para los soldados, renunciar a cualquier lujo que pudiera contribuir al esfuerzo bélico y reforzar el apoyo general.

En 1943, los niños fueron enviados a vivir al campo por el Ministerio de Educación de Japón, en una acción similar a cuando los niños británicos fueron enviados al campo durante el Blitz. Querían evacuar a los niños de las ciudades para protegerlos de los bombardeos. Se utilizaron posadas y templos budistas para albergar a los niños que no podían ir a casas de familiares. Se tenía que hacer de todo para sacarlos del camino de la destrucción.

El último soldado en la Segunda Guerra Mundial

En el año 1974, 29 años después del fin de la Segunda Guerra Mundial, un soldado japonés fue descubierto en Lubang, una isla del Pacífico. Este soldado, llamado Hiroo Onoda, había sido un agente de inteligencia del ejército japonés y, en 1944, había sido enviado a Lubang con las órdenes de hacer todo lo que estuviera en su poder para evitar que cayera en manos de los Aliados. Él recibió instrucciones explícitas de nunca rendirse ni suicidarse.

En febrero de 1945, las fuerzas estadounidenses y filipinas aterrizaron en Lubang. Los otros soldados de la isla se rindieron, pero Onoda y otros tres soldados escaparon a la montaña. Desde su posición, participaron en una guerra de guerrillas contra las fuerzas estadounidenses, incluso después de recibir un folleto diciendo que la guerra había acabado dos meses antes. No creyeron la veracidad del folleto y pensaron que era una trampa. Les llegó otro folleto a finales del año, con órdenes del ejército japonés de rendirse, pero solo uno de los cuatro lo hizo. De los tres que quedaban, uno murió en 1954, y otro en 1972, dejando solo a Onoda.

Finalmente, en febrero de 1974, un hombre llamado Norio Suzuki encontró a Onoda y descubrió que no iba a rendirse hasta recibir órdenes de un oficial.

Suzuki volvió a Japón y localizó al antiguo comandante de Onoda, quien, desde entonces, había obtenido un empleo vendiendo libros y quien, finalmente, le dio la orden a Onoda de salir de su escondite.

CURIOSIDADES

1. El conocido refresco de naranja *Fanta* fue inventado en la Alemania nazi para reemplazar a los refrescos estadounidenses, que querían dejar de importar. Sin embargo, Alemania no tenía muchas provisiones para hacer la bebida y no quería importar nada para ello. Hicieron el jarabe aromatizante de suero (leche podrida) y orujo de manzana (piel y semillas). El nombre provino de la palabra alemana *Fantasie*, que significa «imaginación», porque tuvieron que usar su imaginación al hacerla.

2. La esvástica, que utilizaron los nazis en su bandera y uniformes, era en realidad un símbolo indio para el sol. Por esta razón, si usted coge la primera edición del famoso libro de Rudyard Kipling *El libro de la selva*, puede que encuentre una esvástica en la portada.

3. Hitler diseñó personalmente la bandera nazi, eligiendo el color rojo para representar la idea política del nazismo, blanco para representar al nacionalismo blanco y negro para representar la lucha alemana.

4. Antes de crear los campos de concentración, los nazis pensaban deshacerse de los judíos

enviándolos a Madagascar, igual que Gran Bretaña había intentado deshacerse de sus criminales enviándolos a Australia.

5. Albert Speer, arquitecto en jefe de Adolf Hitler, asumió la responsabilidad moral de los crímenes de guerra nazis en los Juicios de Núremberg después de la guerra, uno de los pocos nazis que asumieron la responsabilidad. La BBC hizo un documental sobre él llamado *El nazi que pidió perdón*.

6. Se llevaron a cabo muchos experimentos médicos con los prisioneros en los campos de concentración. El régimen nazi estaba muy interesado en los descubrimientos científicos, sobre todo, porque creían que gran parte de la ciencia hasta esa fecha había sido realizada por judíos y, por tanto, no estaba bien. Los experimentos eran tan espantosos e inhumanos que no está permitido, legalmente, utilizar los resultados obtenidos de ellos hoy en día.

7. El experimento más conocido fue llevado a cabo por el doctor Joseph Mengele. Estaba interesado en los gemelos y utilizó a 3.000 pares para sus experimentos, de los cuales solo 200 sobrevivieron. Un experimento consistía en coser a dos gemelos juntos para ver si podía crear gemelos unidos.

8. Los nazis recolectaron bastante dinero y objetos de valor de las víctimas del Holocausto. Los ponían en cuentas bancarias bajo el nombre falso de «Max Heiliger».

9. En la década de 1920, Alemania era un país atípicamente liberal en cuanto a la sexualidad, y Berlín era la capital cultural homosexual del mundo. Cuando el régimen nazi reprimió la homosexualidad como un «comportamiento antisocial», no tuvieron ningún problema en arrestar a muchas víctimas.

10. Si ha viajado alguna vez a Alemania, sobre todo a las regiones de Baviera y Franconia, puede que haya parado en un *Keller* para comer. «*Keller*» literalmente significa «sótano» (origen de la palabra inglesa «cellar»), pero también se refiere a un tipo específico de restaurante, donde la cerveza, el queso y la carne curada se mantienen fríos en cuevas de las laderas. Estas cuevas acabaron siendo útiles para los nazis para más que refrigerios deliciosos. Los utilizaron como refugios antibombas naturales e, incluso, crearon fábricas de municiones en las viejas cervecerías subterráneas.

11. Antes de convertirse en líder de las SS, Heinrich Himmler, uno de los hombres de confianza de Hitler, fue criador de pollos.

12. Una de las citas más conocidas que surge de la Segunda Guerra Mundial fue un poema del Pastor Martin Niemöller, un pastor luterano alemán. Escribió: «Primero, vinieron por los comunistas, y yo no dije nada, porque yo no era comunista. Luego, vinieron por los sindicalistas, y yo no dije nada, porque yo no era sindicalista. Después, vinieron por los judíos, y yo no dije nada, porque yo no era judío. Luego, vinieron por mí, y ya no quedaba nadie para hablar por mí».

13. Hungría, una de las naciones menos poderosas del Eje, creó una serie de leyes llamadas las «leyes judías» que eran parecidas a las leyes de Núremberg alemanas.

14. El famoso compositor húngaro Béla Bartók protestó en voz alta por la relación de Hungría con Alemania y no escondió su desprecio por la política nazi.

15. A pesar de la conocida oposición de Bartók al régimen nazi, continuó como un compositor popular en Alemania y fue invitado a actuar en los eventos importantes nazis. ¿Por qué? Porque todos sus mejores compositores habían sido judíos, y ya no tocaban música judía, por tanto, tenían que conformarse con lo que podían obtener.

16. Uno de los principales problemas de Japón, y la razón por la que el sentimiento de expansionismo

fue tan grande, era porque, como nación insular, necesitaba importar la mayoría de sus bienes. La anexión de partes de China y Corea les habría dado un acceso mucho mayor a los recursos naturales.

17. Al emperador de Japón se le llama *Tennō*, que significa «soberano celestial».

18. El ataque japonés a Pearl Harbour tuvo lugar antes de que Japón declarase la guerra a Estados Unidos, convirtiéndolo en un movimiento sorpresa devastador. Sin embargo, este no era, en realidad, el plan. El almirante japonés quería atacar Pearl Harbour treinta minutos *después* de declarar la guerra, y solo lo hicieron antes porque el mensaje donde se declaraba la guerra tardó más de lo esperado en transcribirse. No es que hubiera hecho mucha diferencia. El plan era, claramente, llevarlo a cabo como un ataque sorpresa.

19. En Canadá y Estados Unidos detuvieron a miles de ciudadanos japoneses-canadienses y japoneses-estadounidenses y los llevaron a campos de internamiento. La razón oficial para esto era protegerles de los racistas de su propio vecindario, pero la verdadera razón era que los gobiernos estaban preocupados de que los japoneses en Canadá y Estados Unidos fueran más leales a Japón que a los Aliados y pudieran

espiarlos o ponerse del lado de Japón durante un ataque.

20. Muchos de los niños que fueron evacuados de las ciudades japonesas en 1943 escribieron cartas y diarios sobre sus experiencias.

PÓNGASE A PRUEBA: PREGUNTAS Y RESPUESTAS

1. ¿Qué porcentaje de ataques kamikazes tuvieron éxito?

   a. 84%
   b. 52%
   c. 11%

2. ¿Quién dijo la famosa cita: «Donde hayan quemado libros, acabarán quemando personas»?

   a. Heinrich Heine
   b. Friedrich Nietzsche
   c. Martin Niemöller

3. ¿De quién es la conocida cita, «Primero, vinieron por los comunistas, y yo no dije nada, porque yo no era comunista. Luego, vinieron por los sindicalistas, y yo no dije nada, porque yo no era sindicalista. Luego, vinieron por los judíos, y yo no dije nada, porque yo no era judío. Luego, vinieron por mí, y ya no quedaba nadie para hablar por mí»?

   a. Heinrich Heine
   b. Friedrich Nietzsche
   c. Martin Niemöller

4. ¿Cuál de los siguientes no fue el nombre de una Operación en Alemania?

a. Operación Valquiria
b. Operación Husky
c. Operación Hummingbird

5. ¿Qué significa «*bushido*»?

a. «Honor y lealtad»
b. «El camino de un Samurái»
c. «Viento divino»

Respuestas

1. c
2. a
3. c
4. b
5. b

CAPÍTULO CINCO:

EL FIN DE LA GUERRA

Después de cinco años de lucha, y con el mayor número de víctimas de cualquier otra guerra de la historia (incluyendo el número sin precedentes de muertes de civiles, tanto en ataques aéreos como en el Holocausto), la Segunda Guerra Mundial finalmente estaba por terminar. Alemania se encontraba cediendo bajo el peso de un ataque tras otro y, en 1945, el desastre más grande provocado por el hombre en la historia fue lanzado desde el cielo, justo encima de dos de las ciudades más grandes de Japón, cambiando el curso de la historia militar y civil del siglo XX.

La Segunda Guerra Mundial fue una guerra difícil de terminar por lo involucrados que estaban muchos civiles en ella. ¡Esta es una sección en la que, probablemente, querrá investigar un poco más para entender realmente lo que estaba sucediendo! Pero no se preocupe, trataremos todas las partes más importantes y aprenderemos algunos detalles curiosos en el camino.

La Conferencia de Casablanca

No hemos hablado mucho sobre el papel que tuvo África del Norte en la Segunda Guerra Mundial, pero si alguna vez ha visto el clásico de cine negro *Casablanca*, es posible que sepa que África del Norte fue un semillero importante para la acción política. África del Norte había estado dominada principalmente por los franceses, y cuando Francia se rindió ante los nazis, pensaron que con ello obtendrían también África del Norte. Sin embargo, África tenía otras ideas y el país de Marruecos (Casablanca en particular) permaneció fiel a los franceses hasta el final, incluso durante la ocupación nazi.

En enero de 1943, varios de los líderes aliados más importantes se reunieron en un hotel de Casablanca para debatir su estrategia de guerra. Franklin Delano Roosevelt estaba allí, también Winston Churchill, así como Charles de Gaulle y Henri Giraud, los representantes de las Fuerzas Francesas Libres. El único líder aliado que se negó a asistir fue Joseph Stalin, que estaba ocupado con la batalla de Stalingrado en la Unión Soviética.

Fue en esta convención donde los líderes idearon sus planes para proceder contra las fuerzas nazis. Debatieron cuáles serían sus políticas cuando se tratara de lidiar con las Potencias del Eje. Y también crearon la Conferencia de Casablanca, que describía su plan para salir de la guerra.

Tomando prestada una frase del general de la Guerra Civil Estadounidense, Ulysses S. Grant, los líderes Aliados acordaron que no aceptarían nada menos que la *rendición incondicional* de sus enemigos y, hasta que esta rendición tuviese lugar, lucharían hasta el último hombre para lograrlo. La única pregunta era: ¿cómo logras que estos países tan confiados, que construyen ideologías sobre su superioridad natural e innata, acepten una rendición incondicional?

La Declaración de Potsdam

El nombre oficial de la Declaración de Potsdam fue «Proclamación que define los términos para la rendición japonesa», y fue escrita a finales de julio de 1945 por el presidente de los Estados Unidos, Harry S. Truman; el nuevo primer ministro de Inglaterra, Clement Attlee; y el presidente de China, Chiang Kai-shek. Todos se reunieron y escribieron la Declaración de Potsdam en la Conferencia de Potsdam, cuando se reunieron para debatir los términos de la rendición de Japón.

La Declaración de Potsdam exigía que Japón debía eliminar a todos los líderes que habían fomentado la guerra, entregar sus territorios a los aliados, desarmar por completo a su ejército y permitir que todos sus líderes fuesen juzgados por crímenes de guerra, por los que serían duramente castigados si eran declarados culpables.

También ofrecía libertad de expresión y religión a los ciudadanos japoneses y prometía que Japón podría mantener sus industrias. También prometía que los japoneses que no estuvieron involucrados en los crímenes de guerra no serían juzgados por su nacionalidad, y que la ocupación de Japón sería lo más breve posible.

Por último, terminaba con el siguiente comunicado:

> Nos dirigimos al gobierno de Japón para proclamar ahora la rendición incondicional de todas las fuerzas armadas japonesas y ofrecer las garantías apropiadas y adecuadas de su buena fe por tal acción. La alternativa para Japón es la destrucción inmediata y absoluta.

En lo que respecta a los Aliados, estos eran términos justos, por lo que no tuvieron ningún reparo en decirle a los japoneses que, si no aceptaban los términos, se enfrentarían a un castigo sumamente grave. En aquel momento, nadie sabía realmente cuán grave sería el castigo; ni los japoneses, ni los Aliados, ni los científicos estadounidenses que acabaron impartiéndolo.

La bomba, Parte 1: ¿Qué es una bomba atómica?

Las bombas atómicas que se lanzaron sobre Japón y terminaron con la Segunda Guerra Mundial son otra de esas cosas que la mayoría conoce, aunque no sepan absolutamente nada sobre la Segunda Guerra Mundial. Pero ¿por qué estas bombas fueron mucho más importantes que cualquier otra que cayó sobre Alemania, Gran Bretaña o cualquier otro país durante la Segunda Guerra Mundial? ¿Qué hizo que las bombas atómicas constituyeran la acción decisiva para terminar la guerra?

Las bombas que se lanzaron sobre las dos ciudades japonesas de Hiroshima y Nagasaki eran un nuevo tipo de arma llamado *armas nucleares*. Su poder se obtiene de separar el núcleo de un único átomo de hidrógeno. A esto se le llama «reacción de fisión».

Si conoce algo sobre química, sabrá que el núcleo de un átomo, el centro del átomo que constituye la mayor parte de su peso y determina sus propiedades químicas, se mantiene unido por fuerzas increíblemente grandes. Nunca antes en la historia se había logrado separar un átomo, pero durante la Segunda Guerra Mundial, los científicos descubrieron ambas cosas: cómo dividir el átomo y cómo emplear su increíble poder en una bomba. La bomba se llamó «bomba atómica», «bomba de hidrógeno» o «bomba-H», ya que se utiliza un átomo de hidrógeno para la reacción.

Las reacciones de fisión no solo crean una explosión gigante, sino que también crean desechos nucleares: los residuos de la separación del átomo. Estos restos son radiactivos, lo cual significa que sufren cambios sin participar en la reacción química. Si un químico cambia sin formar parte de una reacción química, será *inestable* y propenso a crear reacciones impredecibles con los otros átomos a su alrededor. Esto conduce a que reaccione con tejido vivo y lo descomponga, tal como los cuerpos de las personas que estén demasiado cerca. Puede causar defectos de nacimiento, muerte de células sanguíneas, daños al sistema nervioso y todo tipo de cánceres.

La bomba, parte 2: Hiroshima

En el transcurso de la Segunda Guerra Mundial, los científicos estadounidenses habían estado desarrollando armas nucleares y, el 6 de agosto de 1945, finalmente estaban listos para usarlas. Para entonces, Alemania ya se había rendido ante los Aliados (hicieron esto alrededor de tres meses antes, el 8 de mayo), pero Japón se resistía. Las Potencias Aliadas querían una rendición incondicional, lo cual Japón simplemente no estaba dispuesto a darles.

Eligieron la ciudad de Hiroshima como su primer objetivo porque era una ciudad industrial con muchas unidades militares en la zona, y también albergaba las sedes del Segundo Ejército General, encargadas de defender todo el sur de Japón. También era la segunda ciudad japonesa más grande, con unos 350.000 ciudadanos.

Justo después de la medianoche del 6 de agosto, se cargó una bomba en un avión llamado *Enola Gay*. A las 8:15 de aquella mañana, se lanzó la bomba directamente sobre una clínica quirúrgica, a 800 pies del objetivo previsto, pero la inexactitud no importaba. Destrozó una milla de tierra al instante, y la nube de fuego que resultó de la explosión alcanzó su intensidad más fuerte tres horas más tarde, con una energía mil veces mayor que la explosión inicial. El 30% de la población de Hiroshima pereció durante esas primeras horas. 70.000 resultaron heridas. El 90% de los doctores de Hiroshima, y el 93% de sus enfermeras, fueron asesinados o heridos, ya que se encontraban cerca del lugar de la explosión. Solo un doctor quedó en el hospital de la Cruz Roja.

Los detectores de radar fuera de la ciudad estaban confundidos ante la repentina pérdida de contacto con Hiroshima. Después de todo, solo se había lanzado una bomba.

La Bomba, Parte 3: Nagasaki

Japón se tambaleaba al darse cuenta de que había sido alcanzado por un arma distinta que nunca antes se había visto en el mundo. Nadie sabía cómo manejar aquella situación y el pánico se extendió cuando otra ciudad japonesa se convirtió en un objetivo.

Nagasaki se utilizaba principalmente como puerto marítimo e, igualmente que Hiroshima, tenía un enorme valor industrial para Estados Unidos. Alrededor del 90% de la mano de obra de Nagasaki trabajaba en los astilleros navales, en la producción de armamento y en fábricas de acero. Sin embargo, hasta el 9 de agosto no se había bombardeado demasiado, debido a su pequeño tamaño (de solo cuatro millas) y localización, rodeada por montañas, hacía difícil ubicarla con precisión en el radar.

Temprano en la mañana del 9 de agosto, los japoneses observaron dos aviones que volaban por encima de sus cabezas, pero asumieron que, como solo eran dos, eran aviones de reconocimiento. A las 11:01, se lanzó una bomba justo encima de una pista de tenis, tres millas al noroeste del objetivo planeado.

Aunque esta bomba era, incluso, más grande y potente que la bomba de Hiroshima, sus efectos fueron contenidos por la geografía natural de Nagasaki; aun así, mató a unos 40.000 ciudadanos e hirió a 60.000 más, sin mencionar los cientos de miles que, con el tiempo, sufrirían los efectos del envenenamiento por radiación de la bomba. Un viento propagó el fuego por el valle.

La rendición de los japoneses

Después de estos dos sucesos, era obvio para los japoneses que no había posibilidades de ganar. El 15 de agosto de 1945, menos de una semana después de que se lanzara la segunda bomba en Nagasaki, Japón respondió al llamado de los Aliados para una rendición incondicional. Perdieron todos los derechos de hacer demandas en las negociaciones de la posguerra.

Intentaron que la Unión Soviética, que había sido un poco más neutral con Japón que los otros Aliados, negociara términos más favorables para ellos. Sin embargo, la Unión Soviética no tenía ninguna intención de hacer nada de lo que Japón decía, y estaba, de hecho, conspirando en secreto para conquistar las posesiones japonesas en Manchuria y Corea que habían desencadenado la guerra hacía más de una década.

Japón siempre había prometido combatir hasta el amargo final, hasta que cada uno de los soldados estuviese muerto. Esta era la posición oficial del Consejo Supremo de Guerra japonés. Sin embargo, después de las dos bombas, el propio emperador Hirohito intervino y exigió al Consejo Supremo de Guerra que aceptara los términos de la rendición de los Aliados. La pérdida de vidas civiles fue demasiado grande para volver a arriesgarse y nadie sabía cuántas bombas más podrían tener guardadas los estadounidenses (en realidad, no tenían ninguna, pero los estadounidenses no estaban precisamente difundiendo ese hecho).

En su discurso al pueblo japonés, el emperador Hirohito dijo:

> Después de reflexionar profundamente sobre las tendencias generales del mundo y las condiciones reales que tiene nuestro imperio hoy en día, hemos decidido alcanzar un acuerdo de la situación actual recurriendo a una medida extraordinaria.

> Hemos ordenado a nuestro gobierno que comunique a los gobiernos de Estados Unidos, Gran Bretaña, China y la Unión Soviética que nuestro imperio acepta las disposiciones de su declaración conjunta.

> Luchar por la prosperidad y felicidad comunes de todas las naciones, así como la seguridad y bienestar de nuestros individuos, es la obligación solemne que ha sido transmitida por nuestros antepasados imperiales y que yace muy cerca de nuestros corazones.

> En realidad, declaramos la guerra a Estados Unidos y Gran Bretaña con nuestro deseo sincero de asegurar la autopreservación de Japón y la estabilización de Asia Oriental, quedando lejos de nuestro pensamiento tanto infringir la soberanía de

las otras naciones como embarcarnos a la ampliación territorial.

Pero ahora la guerra ha durado casi cuatro años.

Seguido por una de las grandes infravaloraciones de la historia:

A pesar del mejor esfuerzo que han hecho todos — la valiente lucha del ejército y las fuerzas navales, la agilidad y la diligencia de nuestros sirvientes del estado, y el servicio devoto de nuestros cien millones de personas— la situación de la guerra no se ha desarrollado, necesariamente, para el beneficio de Japón.

Volkssturm

Volvamos al teatro europeo, donde la situación no era menos dramática. Los nazis sabían que las cosas se estaban desmoronando. Habían perdido a la mayoría de sus mejores tropas en batalla en el frente oriental, sobre todo en el brutal asedio en Stalingrado. Además de eso, la moral estaba en su punto más bajo y cada vez más ciudadanos alemanes estaban decepcionándose con el régimen nazi. Hitler ya no era el hombre apuesto y elegante de Hugo Boss, rodeado de multitudes aduladoras cuando daba sus convincentes discursos. Ahora, incluso para los alemanes más patriotas, era un loco cada vez más peligroso que los enviaría a la muerte en cualquier momento.

Esto alcanzó su punto máximo en octubre de 1944, cuando se proclamó un grupo de milicias llamado *Volkssturm*. Esto formaba parte del plan de guerra total del ministro de Propaganda Joseph Goebbels, pero él era la única persona entusiasmada por ello. El *Volkssturm* exigía que todo hombre de entre 16 y 60 años (bastante alejado del rango que se había permitido para combatir anteriormente) tomara las armas y luchara a muerte contra cualquier soldado invasor. No importaba si habían sido considerados no aptos con anterioridad o si eran demasiado mayores o jóvenes, o habían resultado heridos recientemente: todos tenían que ponerse manos a la obra.

Como era de esperarse, el *Volkssturm* estaba mal preparado, y eso fue otro clavo para el ataúd de la popularidad nazi. Miles de hombres que deberían haber sido protegidos, fueron enviados a su muerte.

La liberación de los campos de concentración

Los nazis se rindieron en la primavera de 1945 pero, alrededor de un año antes, en julio de 1944, el golpe más duro se lo llevó el apoyo popular de los regímenes de Hitler: los Aliados encontraron los campos de concentración.

En julio de 1944, las tropas soviéticas encontraron el campo de Majdanek en Polonia. Los soldados alemanes que asistían al campo no se esperaban aquello y entraron en pánico al darse cuenta de que serían condenados, al instante, por crímenes de guerra (si no les disparaban en el sitio) si quedaban al descubierto los campos de exterminio. Intentaron destruir el campo mientras las tropas soviéticas se acercaban, usando el crematorio para incinerar a los prisioneros, pero no pudieron derrumbar las cámaras de gas antes de la llegada de los soviéticos.

El mayor campo de concentración, Auschwitz, fue liberado por los soviéticos en enero de 1945. Los nazis habían intentado sacar a los prisioneros del campo, pero todavía quedaban seis mil allí, junto con depósitos repletos de pertenencias de los prisioneros.

La diminuta proporción de prisioneros que sobrevivieron a los campos de concentración estaban hambrientos, demacrados, agobiados por enfermedades y tenían heridas indescriptibles, tanto de trabajar como de experimentos médicos. Cientos de los soldados liberados presentaron síntomas de trastorno de estrés postraumático en años posteriores a la experiencia de ver tantos «esqueletos vivientes» y darse cuenta de lo que realmente habían estado haciendo los nazis a sus ciudadanos durante todo este tiempo.

El Plan Morgenthau

El Plan Morgenthau fue una estrategia propuesta por las Potencias Aliadas para hacer imposible que

Alemania luchara en otra guerra. Impediría que desarrollasen una industria de armamentos, creasen un ejército o construyesen el poder industrial necesario para la guerra moderna. También dividiría a Alemania en varias partes, más pequeñas y menos poderosas, que serían controladas por varios países Aliados, incluyendo a la Unión Soviética, Francia y Polonia.

Lo recomendó Henry Morgenthau, secretario del Tesoro de Estados Unidos, en 1944, en un memorando llamado «Programa de Posrendición Sugerido para Alemania», en su libro *Alemania es nuestro problema*.

Muchas personas, incluidos el líder de la Unión Soviética, Joseph Stalin, y el presidente estadounidense, Franklin Delano Roosevelt, apoyaron el plan. Lo veían como una mejor versión del Tratado de Versalles, una que evitaría, de verdad, que Alemania se sublevase como lo había hecho en los años 30. Nadie quería ser demasiado indulgente con los alemanes después de los crímenes de guerra que cometieron. El secretario de Estado, Cordell Hull, quería que los alemanes fueran «alimentados tres veces al día con sopa de los comedores del ejército… [así] recordarán esa experiencia el resto de sus vidas».

Cuando este plan llegó a los alemanes, se enfurecieron. Ni siquiera habían perdido la guerra todavía y ¡los estadounidenses ya estaban haciendo planes para anexionarlos! Los nazis acabaron usando esto como propaganda para convencer a los soldados alemanes, que ya estaban exhaustos, de que lucharan para no convertirse en víctimas de este plan.

El suicidio de Hitler

El 30 de abril de 1945, Hitler y su amante (y esposa durante los últimos dos días), Eva Braun, se suicidaron en un búnker bajo Berlín.

Durante los dos últimos años, había quedado claro que el régimen nazi se estaba desmoronando y que los planes de Hitler para un imperio alemán no se iban a cumplir. La aplastante derrota en Stalingrado había diezmado a las fuerzas alemanas, y la batalla de Berlín se estaba librando. Fue un ataque al estilo asedio, con el ejército soviético aislando de todo a los ciudadanos alemanes que se encontraban dentro.

Hitler había construido un búnker debajo de Berlín que tenía su propia agua y electricidad, y él y sus hombres de confianza (y Eva Braun) se retiraron a él. Los informes describían que Hitler estaba quedando cada vez más al descubierto y, si antes no había quedado claro que estaba loco, ahora sí lo estaba. Sin embargo, continuó dando órdenes militares a pesar de la evidente e inevitable derrota.

Cuarenta horas antes de su suicidio, se casó con Eva Braun en una pequeña ceremonia civil y señaló a su

Almirante, Karl Donitz, como jefe de estado. Luego, Eva y él se envenenaron con cápsulas de cianuro. Hitler se disparó a sí mismo en la cabeza, como buena medida, y sus cuerpos fueron incinerados antes de que el ejército soviético llegara al edificio. Ocho días después, el ejército alemán se rindió incondicionalmente.

Día de la Victoria en Europa

El Día de la Victoria en Europa, conocido como el Día VE para abreviar, se celebra en toda Europa el 8 de mayo. Conmemora el día de la rendición incondicional de los nazis. Los países soviéticos lo han celebrado tradicionalmente el 9 de mayo y, en Ucrania, no figura como día festivo, pero aún se concibe como un día de recuerdo y reconciliación.

En el Reino Unido, cuando se anunció la victoria de las Potencias Aliadas el 8 de marzo, más de un millón de personas se unieron a las celebraciones públicas en las calles. ¡Entre estas personas se encontraban las mismísimas princesas de Inglaterra, Isabel y Margarita! El rey Jorge VI, su esposa, la reina Isabel, y Winston Churchill salieron al balcón del Palacio de Buckingham para saludar a la multitud jubilosa.

También dio la casualidad de que era el cumpleaños de Harry Truman, presidente de Estados Unidos. Él describió este día como «su cumpleaños más feliz».

Se celebra oficialmente en más de quince países, llamado con diferentes nombres; por ejemplo, en italiano se llama *Festa della Liberazione* (Fiesta de la Liberación) y en eslovaco *Deň víťazstva nad fašizmom* (Día de la Victoria sobre el Fascismo).

Día de la Victoria sobre Japón

De manera similar, el Día de la Victoria sobre Japón se celebra el 15 de agosto en Gran Bretaña y el 2 de septiembre en Estados Unidos. Gran Bretaña lo celebra en la fecha en que Japón anunció su rendición, y Estados Unidos en la fecha en la que se firmó el documento de la rendición oficial.

Las celebraciones por la rendición de Japón fueron incluso más impresionantes que las que se festejaron en Alemania unos meses antes. Los soldados Aliados bailaron la conga en Londres, mientras los soldados estadounidenses en Berlín cantaban al grito de «¡Se acabó en el Pacífico!» por toda la ciudad.

No obstante, la manera en la que se había ganado la guerra del Pacífico era un poco más preocupante de lo que había sido la rendición de Alemania. La gente estaba feliz porque la guerra había acabado, pero también estaban preocupados por las implicaciones que la bomba atómica iba a tener en la política mundial, y tenían razones para estarlo. Alemania estaba feliz de que la bomba no iba a utilizarse en ellos, pero la Unión Soviética estaba un poco más vacilante y el gobierno se rehusó a hacer una declaración oficial sobre la bomba. Resultó que la

Unión Soviética tenía planes de convertirse en una superpotencia nuclear, y la tensión entre Estados Unidos y la Unión Soviética iba a influir en la política y cultura de las siguientes dos décadas.

Sin embargo, a pesar de la tensión palpable, la revista *Life* describió la celebración «como si la alegría se hubiese racionado y guardado durante tres años, ocho meses y siete días, desde aquel domingo, 7 de diciembre de 1941».

Los Juicios de Núremberg

Los Juicios de Núremberg, que tuvieron lugar entre 1945 y 1946, fueron una serie de veintidós audiencias que juzgaron a las principales figuras nazis por los crímenes de guerra y contra la humanidad.

Los juicios tuvieron lugar en Núremberg (o *Nürnberg*), donde había estado la sede del régimen nazi. Lo justificaron afirmando que había sido la sede del Sacro Imperio Romano Germánico. Siete años antes, había sido en Núremberg donde Hitler organizó los famosos Congresos de Núremberg, donde los nazis albergaron una serie de eventos deportivos y culturales para alardear de la superioridad percibida y donde Hitler dio algunos de sus discursos más memorables. Ahora, los líderes habían sido derrotados y obligados a enfrentar el pago por sus crímenes.

Por supuesto, Hitler, el líder que más se merecía el castigo, no estaba allí para ser juzgado. Sin su presencia, fue difícil saber a quién culpar. Otros nazis importantes, como Heinrich Himmler y Joseph Goebbels, también se suicidaron para evitar el juicio, y otros huyeron a Argentina para evitar ser capturados.

A todos los acusados se les evaluó intelectualmente (la mayoría consiguió un puntaje inusualmente alto y su estabilidad psiquiátrica aseguraba que eran aptos para ir a juicio). Después, durante casi un año, los criminales fueron interrogados sistemáticamente. Se entregaron películas de los campos de concentración como evidencia, y algunos testigos testificaron de que se les había dado órdenes de «exterminar» a tantas personas como pudieran. Describieron el plan eugenésico para eliminar a todos los «indeseables» del patrimonio genético: la «solución final». Un nazi, Otto Ohlendorf, admitió (sin inmutarse) que había asesinado a 90.000 judíos.

De los veintidós nazis acusados, doce fueron sentenciados a muerte.

La banalidad del mal

En 1960, Adolf Eichmann, quien había escapado de Alemania hacia Argentina, fue capturado y enviado a juicio en Jerusalén. Una mujer alemana y judía llamada Hannah Arendt informó sobre su juicio para *The New Yorker* y descubrió algunas características inquietantes de su defensa, sobre las que escribió en su libro *Eichmann en Jerusalén: Un estudio sobre la banalidad del mal*.

Durante los Juicios de Núremberg, pero más ilustremente en el juicio de Eichmann, había una justificación que no dejaba de repetirse una y otra vez: la gente que estaba acusada «simplemente seguía órdenes». Ellos explicaban, a veces desesperadamente, a veces con naturalidad, que, si no hubieran participado en el manejo de los campos de concentración y en la policía secreta, hubieran estado infringiendo la ley, considerados inmorales y castigados con la muerte. Eichmann escribió: «Él hizo su *deber*... no solo obedeció *órdenes*, también obedeció la *ley*».

Eichmann afirmó que siguió la teoría de Immanuel Kant del imperativo categórico: «Obra solo según aquella máxima por la cual puedas querer que al mismo tiempo se convierta en ley universal». Pero, en vez de entender esto como una moral de «trata a los demás como quieres que te traten a ti», Eichmann entendió que tenía que seguir las leyes del mundo, lo cual, para Eichmann, significaba seguir las órdenes de su líder.

Arendt también acusó a Eichmann de ser incapaz de pensar por sí mismo, de no ser particularmente inteligente y ser un «seguidor de grupos». En otras palabras, afirmó, no fue un grandioso plan malvado lo que le hizo cometer los terribles crímenes que caracterizaron su vida, sino que le atraían las sensaciones de seguridad y camaradería que el ejército nazi le infundió, y no era lo suficientemente inteligente para cuestionarse las filosofías subyacentes.

La frase de Arendt, «la banalidad del mal», describe lo siguiente: que aquellos que llevaron a cabo los crímenes no estaban locos ni eran malvados, sino personas normales conducidas por preocupaciones completamente comunes y corrientes, como querer encajar o tener una carrera estable. El odio y el antisemitismo por los que Eichmann acabó actuando, según Arendt, fueron solo consecuencia de sus intereses normales y «banales».

Simplemente siguiendo órdenes

Stanley Milgram, profesor de psicología de la Universidad de Yale, no creía en la «banalidad del mal», o que las personas cometieran atrocidades cuando se les decía, fuese una excusa muy buena. Según su punto de vista, la única manera de cometer tantos crímenes con tan poca respuesta emocional era siendo un sociópata. Pero ¿acaso eso significaba que todos en Alemania habían sido sociópatas durante toda una década?

Así que Milgram ideó un experimento para ver, exactamente, qué haría la gente si «simplemente seguía órdenes». Llevó a cabo un experimento, conocido hoy en día como el Experimento de

Milgram, para evaluar si, realmente, la gente estaría dispuesta a hacer cosas terribles si una autoridad se lo dijese.

Primero, para el experimento, Milgram contrató a un grupo de actores que se sentarían en una sala con un micrófono. Después, escogió a algunos estudiantes de psicología entusiastas, a quienes vistió con uniformes médicos profesionales. Por último, realizó un llamado a los participantes, afirmando que el departamento de psicología estaba haciendo un estudio sobre el efecto del dolor físico en la memoria.

Puso a los participantes y a los estudiantes médicos en una sala y a los actores en otra con un micrófono para que pudieran escucharse, pero no verse. Los estudiantes explicarían a los participantes que tendrían que hacer a los actores (a quienes llamaron «aprendices») una serie de preguntas de memoria y, si los «aprendices» se equivocaban, los participantes (a quienes llamaron «profesores») tenían que darles una descarga eléctrica. Las descargas se daban a través de una pieza de maquinaria de aspecto aterrador, con un dial que indicaba un rango de potencias y un botón para suministrar las descargas. Cada vez que el «aprendiz» tenía una respuesta incorrecta, explicaban los estudiantes, el «profesor» aumentaría el voltaje en 15 voltios.

El experimento comenzó con los «profesores» presionando el botón de descarga según las instrucciones de los estudiantes. Estos botones en realidad no hacían nada, pero, en la otra sala, los «aprendices» gritaban, chillaban y se quejaban. A medida que aumentaba el voltaje, los gritos se hacían más intensos.

La mayoría de los «profesores» pararon en algún momento, preguntando si debían detenerse o echar un vistazo a los «aprendices», pero los estudiantes les aseguraron que no recaería ninguna responsabilidad sobre ellos por ningún daño… y continuaron. Si los «profesores» pedían parar, les daban cuatro empujones verbales para que siguieran haciéndolo, en este orden:

«Por favor, continúe».

«El experimento requiere que usted continúe».

«Es absolutamente esencial que continúe».

«No tiene otra alternativa. Usted *debe* continuar».

Solo si el «profesor» seguía objetando, después de estas cuatro declaraciones, le permitían irse. Si no lo hacía, tendría que suministrar una «descarga» letal de 450 voltios tres veces, después de las cuales el «aprendiz" se quedaría callado.

Lo que Milgram aprendió de este experimento fue impactante y perturbador: aunque los «profesores» manifestaron estrés, miedo y dolor emocional por lo que estaban haciendo, el 65% de todas estas personas normales estaban dispuestos (creían) a matar otro ser humano cuando alguien con uniforme les daba órdenes de hacerlo.

CURIOSIDADES

1. Los ancianos del *Volkssturm* no llegaron más allá de burlarse de su absurda situación. Bromeaban con «¿Por qué es el *Volkssturm* el recurso más valioso de Alemania? Porque sus miembros tienen plata en sus cabellos, oro en sus bocas y plomo en sus huesos».

2. La aeronave que tomaba fotografías y siguió al *Enola Gay* para documentar la destrucción de Hiroshima no tenía nombre cuando se lanzó, pero después se le llamó *Necessary Evil (Mal Necesario)*.

3. El teniente general James H. Doolittle advirtió a Japón, después de lanzar las dos bombas atómicas, que «con el tiempo, sería una nación sin ciudades: un pueblo nómada».

4. El presidente Truman dijo, sobre el proyecto de la bomba atómica, que Estados Unidos había «gastado dos mil millones de dólares en la apuesta científica más grande de la historia. Y ganó».

5. Justo antes del bombardeo de Nagasaki, se lanzó una carta desde los aviones estadounidenses a un profesor de la Universidad de Tokio, rogándole que informara a la gente sobre los peligros asociados con las bombas atómicas.

6. El físico nuclear Niels Bohr estaba siendo obligado

a trabajar para los alemanes en la Dinamarca ocupada, cuando los combatientes de la resistencia le dieron la oportunidad de escapar, junto con una botella de «agua pesada»: agua que contiene los átomos de hidrógeno usados para los reactores nucleares. Cuando llegó a Inglaterra, se descubrió que su «agua pesada» era, en realidad, cerveza.

7. El partido nazi, por lo general, se oponía a invertir dinero en el desarrollo nuclear porque la mayoría de los físicos nucleares pioneros resultaron ser judíos. Lo trataron con fuerte sospecha, como una «ciencia judía».

8. La declaración de la rendición japonesa, proclamada por el emperador Hirohito el 15 de agosto de 1945, se emitió en japonés clásico, y fue la primera vez que la mayor parte de los ciudadanos japoneses escucharon la voz de su emperador.

9. A pesar de las atrocidades que experimentaron los judíos en los campos de concentración nazis, los índices de trastorno de estrés postraumático reportados en la comunidad judía han permanecido relativamente bajos. Los psicólogos especulan que esto se debe a que la mayoría de los judíos tienen lazos muy fuertes con una comunidad muy unida, lo cual les ayuda a lidiar con el trauma de manera exitosa.

10. Anne Frank, la adolescente cuyo diario es uno de los relatos más famosos de la vida durante el Holocausto, murió de tifus en el campo de concentración de Bergen-Belsen menos de dos meses antes de que los británicos liberaran el campo, aunque las fechas exactas se desconocen.

11. Algunos estudiosos de la guerra estiman que si solo el 1% de las bombas que lanzaron los Aliados sobre las industrias alemanas hubieran sido lanzadas, en cambio, sobre sus centrales eléctricas, la frágil red del poder alemán habría colapsado y la guerra podría haberse ganado mucho más rápido.

12. Hitler y Eva Braun envenenaron a sus perros con las mismas cápsulas de cianuro que usaron para suicidarse.

13. ¿Recuerda a Unity Mitford, la mujer británica que tuvo un amorío con Hitler? Supuestamente, cuando Hitler se suicidó, en 1945, la hija de la familia con la que ella se estaba hospedando le dijo: «Lamento que tu novio haya muerto».

14. Después de la cremación de Hitler, sus cenizas se cambiaron de lugar varias veces para evitar que se convirtieran en el punto focal de un santuario o algún tipo de adoración nazi.

15. La Segunda Guerra Mundial fue la primera guerra donde se utilizaron vídeos como evidencia

para condenar a los criminales de guerra. La novedad y cantidad de imágenes de la Alemania nazi contribuyeron a que el Holocausto sea el genocidio mejor recordado de la historia, aunque dictadores contemporáneos, como Stalin, tenían un conteo de cuerpos igualmente alto.

16. Los Juicios de Núremberg fueron los primeros juicios de la historia en condenar a los criminales de guerra con jueces de cuatro países diferentes. Esto sentó las bases para los juicios de Derecho Internacional de la actualidad.

17. Los Juicios de Núremberg también fueron los primeros juicios en los que se sentenció a alguien por «crímenes de lesa humanidad», implicando atrocidades tan graves que perjudicaron notablemente a toda la raza humana.

18. Otra primera vez para los Juicios de Núremberg: el juicio contra los oficiales nazis fue el primero en acuñar el término «genocidio» para referirse al asesinato sistemático de un grupo de personas basado en una característica compartida, como la raza.

19. Durante décadas, después del final de la Segunda Guerra Mundial, la gente en los Estados Unidos estaba en busca de los exnazis y simpatizantes de los nazis en sus propias ciudades, hasta que intentar perseguir comunistas se puso más de moda.

20. De todos los participantes en el experimento Milgram, el 84% dijo que se sentía feliz de haber formado parte de ello. Dijeron que el experimento los hizo más valientes y conscientes de su propio papel a la hora de alzar la voz por otras personas.

PÓNGASE A PRUEBA: PREGUNTAS Y RESPUESTAS

1. ¿Qué ciudad no fue objetivo de las bombas atómicas?

   a. Tokio

   b. Hiroshima

   c. Nagasaki

2. ¿Quién se rindió primero?

   a. Japón

   b. Alemania

   c. Se rindieron a la vez

3. ¿Qué era el *Volkssturm*?

   a. Combatientes de la resistencia alemanes

   b. Tropas formadas por personas que no habían sido reclutadas antes

   c. Los guardaespaldas personales de Hitler

4. ¿Cuál de las siguientes *no* tuvo lugar por primera vez en los Juicios de Núremberg?

   a. Alguien fue sentenciado por «crímenes contra la humanidad»

   b. Se utilizó el término «genocidio»

   c. Un criminal de guerra presentó personalmente su propia defensa

5. ¿Qué evaluaba el experimento de Milgram?

   a. La capacidad de las personas de recordar información mientras recibían descargas eléctricas.

b. La tendencia de las personas de seguir órdenes, a pesar de sus objeciones morales y personales

c. La velocidad que tarda una persona en una posición de poder en recurrir a la violencia

Respuestas

1. a
2. b
3. b
4. c
5. b

CAPÍTULO SEIS:

LA SEGUNDA GUERRA MUNDIAL EN LOS MEDIOS Y LA CULTURA

Es casi imposible imaginar un mundo sin la Segunda Guerra Mundial. ¿Cómo se vería? Bueno, no hubiéramos tenido la era nuclear o la Guerra Fría. Probablemente, no hubiéramos enviado a un hombre a la luna. Los villanos de nuestras películas no llevarían uniformes inspirados en Hugo Boss, el «paso del pato» para formarse o hablar sobre «exterminar» al enemigo. De hecho, el mundo de los medios de comunicación populares sería totalmente irreconocible.

En este capítulo, veremos las consecuencias de la Segunda Guerra Mundial y cómo afectó a la gente cuando la paz se restableció. Veremos cómo reaccionaron diferentes personas a la guerra, desde las personas que querían familias agradables y normales hasta las personas que querían deshacerse de todo el mundo.

También le echaremos un vistazo a algunos libros y películas famosas que se hicieron durante la Segunda Guerra Mundial, ¡porque ver películas es siempre la manera más divertida de entender la historia!

Vuelta a la normalidad en los años 50

Después de cinco años de matanzas masivas, racionamientos estrictos y mujeres trabajando en fábricas mientras los hombres morían en los campos de batalla, la mayoría de las personas en los años 50 estaban ansiosas por volver a una forma de vida «más simple». Los hombres eran los proveedores, que iban a trabajar de 9 a 5, mientras que las mujeres cuidaban de la casa y los niños. Fue una vuelta a las normas de género que no habían sido así de estrictas desde la década de 1850. Esta fue la época en la que el «núcleo familiar» se hizo popular, y el ideal se convirtió en «una madre, un padre y dos niños y medio» (los dos niños y medio hacen referencia a la media estadística del número de niños que había en los hogares estadounidenses).

También se le dio una gran importancia a tener cosas materiales después del racionamiento de la Segunda Guerra Mundial. La gente quería coches lujosos, casas hermosas y montones de aparatos eléctricos, como televisores y microondas. A grandes rasgos, era un momento de prosperidad.

Sin embargo, no todo era tan bonito, y la paz tuvo un precio. Se alentó la conformidad inflexible y hubo estrictas sanciones sociales por fracasar al cumplir las expectativas. Muchos hombres que habían estado en la guerra tuvieron dificultades para adaptarse a las normas en tiempos de paz y las consecuencias metafóricas (así como las literales) de los bombardeos nucleares proyectaban una gran sombra sobre las antiguas naciones Aliadas.

La Generación Beat

Los rigurosos criterios de conformidad que caracterizaron a la década de 1950 no veían con buenos ojos las cosas como el arte experimental, los estilos de vida bohemios, la homosexualidad o el consumo de drogas. La Generación Beat fue un grupo de jóvenes de los años 50 que decidieron asumir todo sobre lo que la cultura general de los años 50 estaba en contra y llevarlo con orgullo.

Estos jóvenes eran, en su mayoría, hombres; sobre todo de familias relativamente acomodadas que se sentían intelectualmente marginados por la cultura de los años 50. Probablemente, el más famoso fue Allen Ginsberg, el «ángel visionario» que escribió *Aullido*, uno de los poemas más famosos del siglo. Creció en una familia judía, en New Jersey, en una familia devastada por la tensión cultural y la enfermedad mental. Su grito de guerra: «He visto a las mejores mentes de mi generación destruidas por la locura», canalizando la rabia que había dejado la guerra y sobre la que nadie se atrevía a hablar.

El arte del «*establishment*» (es decir, no Beat) de los años 50 fue muchísimo, muchísimo más lúgubre que la oda de Ginsberg a aquellos «destruidos por la locura», y los *Beat* trajeron emociones fuertes, alegría y furia a una escena artística llena de solipsismo y depresión. No obstante, sus arrebatos se encontraron con la censura del público general, quienes les acusaban de degeneración moral y criminalidad peligrosa.

TEPT

La mayoría de los poetas Beat no habían estado personalmente en la guerra, aunque habían visto a viejos amigos y familiares ser masacrados en ella. Para aquellos hombres que habían estado en el frente de batalla, la respuesta emocional asociada con la vuelta a la seguridad y paz fue aún más dura.

Muchos de los hombres que regresaron de la guerra tenían síntomas de lo que ahora llamamos trastorno de estrés postraumático, aunque, en ese momento, era conocido como «neurosis de guerra» o «fatiga de combate». El trastorno de estrés postraumático (TEPT, para abreviar) se caracteriza por la presencia de recuerdos intensos y persistentes de sucesos traumáticos y dificultad para integrarse a un entorno nuevo y no traumático.

En aquella época (e incluso, hoy en día), los recursos para los veteranos de guerra con TEPT eran muy limitados. Nadie sabía exactamente cómo lidiar con este problema o cómo ayudar a los hombres que lo sufrían. Además de eso, como no había un conocimiento real sobre este problema, la mayoría de los hombres que lo sufrían se sentían débiles o cobardes y no estaban dispuestos a contárselo a nadie.

Incluso, a los hombres que no mostraban síntomas de TEPT, les resultó difícil reintegrarse en el Estados Unidos pacífico. En el ejército, habían estado rodeados de otros hombres, mayormente de antecedentes similares y unidos por un marco ideológico. Cuando volvieron a casa, muchos de ellos se quejaron de que ya no tenían ningún sentimiento de compañerismo. Volver a un trabajo de 9 a 5, donde no tenían ninguna conexión emocional con nadie a su alrededor, hizo que muchos hombres se sintieran desilusionados, enajenados y solos.

Lluvia radiactiva

Además de la tensión de conformidad y el estrés post traumático que experimentaron muchos exsoldados, la nueva amenaza de una guerra nuclear pesaba sobre el mundo. La Unión Soviética nunca había estado perfectamente alineada con los objetivos de los otros países Aliados durante la Segunda Guerra Mundial y, tras la guerra, fue quedando cada vez más claro que el único aspecto político que habían tenido en común alguna vez con Estados Unidos era que no les gustaban los nazis. Además, cada vez tenían más claro que, aunque nadie *quería* otra guerra, era posible que otra no estuviera muy lejos.

Los estadounidenses habían demostrado que tenían acceso a la tecnología nuclear que podría arrasar ciudades enteras en un abrir y cerrar de ojos, y que la tecnología solo se haría más efectiva con el tiempo. Al mismo tiempo, la Unión Soviética estaba desarrollando su propio programa nuclear.

En 1947, el presidente estadounidense Harry S. Truman hizo la promesa de que Estados Unidos ayudaría a cualquier país que estuviese siendo «amenazado» por las tácticas de expansión de la Unión Soviética. Cualquier país que estuviera en la esfera de influencia soviética, o que mantuviera doctrinas políticas parecidas (léase, comunismo) era de interés para los Estados Unidos. También indicaron, aunque no lo declararon abiertamente, que, si lo necesitaban, no dudarían en utilizar armas nucleares contra la Unión Soviética.

¿Qué se consigue cuando dos países con armas para acabar con el mundo deciden que son enemigos? Décadas de intensa angustia, miedo de una guerra nuclear en cualquier momento y la doctrina de una «destrucción mutua asegurada»

Las mujeres de la posguerra

Durante la Segunda Guerra Mundial, las mujeres asumieron roles mucho más importantes en la fuerza laboral de los que habían tenido en cualquier momento anterior, incluso durante la Primera Guerra Mundial (¡que ya fue un tremendo paso adelante!). Cada vez más, las mujeres esperaban (mejor dicho, *exigían*) que los hombres a su alrededor las tomaran en serio como iguales.

En 1948, el presidente Harry Truman firmó el Acta de Integración de la Mujer a los Servicios Armados, que permitió a las mujeres servir en el ejército. Previamente, se les había permitido trabajar como enfermeras, en fábricas de municiones y hacer trabajos en el ámbito interno, haciendo uniformes para los soldados, pero sus papeles en el combate eran extremadamente limitados.

La firma de Truman del Acta de Integración de la Mujer a los Servicios Armados impulsó la creación del programa de Mujeres en la Fuerza Aérea (o WAF, por sus siglas en inglés), que permitió a las mujeres pilotos unirse a las Reservas de la Fuerza Aérea y también se entrenó a mujeres que no eran pilotos para hacer trabajo administrativo y médico para la Fuerza Aérea.

Aunque muchas mujeres estaban interesadas en estos programas, también había demasiado retroceso. Los hombres se quejaban de que la guerra había terminado y que las mujeres no debían estar involucrándose en actividades militares, en lugar de quedarse en casa y cuidar de sus familias. Algunas campañas difamatorias alegaban que las mujeres en el ejército eran sexualmente promiscuas, depravadas y, por lo general, inmorales; citando denuncias falsas de mujeres en uniforme involucrándose en peleas callejeras, como ejemplos de su comportamiento «poco femenino».

Aunque un puñado de mujeres aguantaron y se quedaron en el ejército y la fuerza aérea, la gran mayoría se reincorporó a los papeles bastante tradicionales de la familia que se les estaban exigiendo. Durante más de una década, ese fue el *status quo*, y apenas en los años 60 emergió la segunda ola del feminismo para desafiar aquella mentalidad. En los años 60, la mayoría de la gente ya no recordaba vivamente lo que era estar obligado a vivir en un hogar «incompleto», así que la amenaza de que una casa no se adhiriera perfectamente a las normas de un «núcleo familiar» tenía cada vez menos peso.

La Segunda Guerra Mundial en la pantalla grande

La Segunda Guerra Mundial tuvo un efecto dominó en la cultura durante décadas (uno que todavía continúa hoy en día y que, probablemente, seguirá así por cientos de años más), pero uno de sus efectos más evidentes es el que tuvo en los medios de comunicación. La Segunda Guerra Mundial fue la segunda guerra más importante desde la invención de la película en la década de 1890, y fue la primera en la que los filmes formaron parte de la propaganda y las noticias sobre la guerra. La abundancia de imágenes de las noticias facilitó bastante la labor de los cineastas de entonces de captar la Segunda Guerra Mundial en la pantalla.

Ha habido cientos de películas sobre la Segunda Guerra Mundial: sobre el Holocausto, los nazis, los soldados estadounidenses, la Resistencia francesa, Pearl Harbour, el Día D, las bombas atómicas y, prácticamente, cualquier otro aspecto de la guerra que puedas imaginar; sin mencionar las decenas de series de televisión y el número prácticamente incontable de documentales.

Posiblemente, no podríamos ver cada una de las representaciones de la Segunda Guerra Mundial en los medios de comunicación, pero hay algunas historias que, simplemente, siguen regresando; así que, ¡continúe leyendo para aprender más sobre las muchas, muchas películas que se han hecho sobre la Segunda Guerra Mundial!

Películas independientes alemanas

Si le gusta el cine, probablemente ya haya visto muchas películas alemanas del período entre la Primera Guerra Mundial y el surgimiento del partido nazi en los años 30. Y, si no le gusta mucho el cine, probablemente no haya visto ninguna, pero pueden resultarle familiares títulos como *El gabinete del doctor Caligari* y *Nosferatu*. Antes de la Segunda Guerra Mundial, Alemania tenía un gran panorama cinematográfico, con películas como *El gabinete del doctor Caligari* y las obras de Fritz Lang. La mayoría de las películas eran de terror o ficción histórica, o una combinación de ambas.

Un tema recurrente en estas películas era encontrar un equilibrio entre «tiranía y caos» (como describió el crítico Siegfried Kracauer en su libro *De Caligari a Hitler*). Los cineastas alemanes fueron objeto de críticas y ataques por parte del régimen nazi (era bastante difícil hacer una película a la que los nazis no se opusieran, a menos que las hicieran específicamente para el partido, bajo una cuidadosa observación e instrucción), pero el panorama cinematográfico todavía reflejaba las opiniones de la gente en cuanto a la política, lo cual le dio forma a la guerra.

Hubo mucha tensión sobre la autoridad. ¿Quién debía tenerla? ¿Qué sucede si se abusa de ella? Y ¿qué ocurre cuando nadie tiene autoridad? ¿Qué pasa cuando solo somos esclavos de nosotros mismos? ¿Es tan malo como una mala autoridad? ¿Es aun peor? Estas fueron preguntas de las que el partido nazi afirmaba tener las respuestas.

Kracauer alegó que, debido a que las películas requieren de muchas personas para hacerlas y producirlas, las películas (incluso las apolíticas o «escapistas») revelaban patrones subyacentes en las ideas de la gente sobre el mundo. Si vemos las películas de un período determinado, podemos comenzar a adivinar qué pensaba la gente en esa época. ¿Qué significa eso para nosotros hoy en día, cuando estamos obsesionados por poner a la Segunda Guerra Mundial en películas, una y otra vez?

Salvando al Soldado Ryan, Dunkerque y otras películas de acción épicas

Si hablamos de las representaciones estadounidenses de la Segunda Guerra Mundial, la mayoría de las películas que se centran en los soldados estadounidenses (en vez de en el Holocausto) son dramas de acción épicos, basados en batallas y personas reales. Dos de los ejemplos más grandes de este tipo de películas son: el clásico de 1998, *Salvando al soldado Ryan*, dirigido por Steven Spielberg; y, el de 2017, *Dunkerque*, dirigido por Christopher Nolan. Estas dos películas fueron dirigidas por directores mundialmente famosos, tenían un elenco de grandes estrellas y presentaron escenas de acción impresionantes y sangrientas, basadas en las batallas reales.

Salvando al soldado Ryan está ligeramente basada en la historia real de Edward Niland, a quien se le dio por muerto en 1944, pero que en realidad había sido capturado y mantenido prisionero en un campamento de guerra japonés durante un año. En *Salvando al soldado Ryan*, a un hombre llamado James Ryan se le declara desaparecido en combate después de la batalla del Día D, y el Departamento de Guerra toma la iniciativa de ir a buscar a Ryan porque sus tres hermanos ya habían sido asesinados en la guerra. Se centra en los lazos que formaron los soldados en el frente, sobre todo con la línea de Ryan sobre sus compañeros soldados siendo «los únicos hermanos que le quedaban». También es famosa por su enorme representación cinematográfica de la Batalla de Normandía (Día D), que fue grabada en la costa de Irlanda y para la que contrataron a soldados y amputados reales para actuar como extras. La revista *Empire* la declaró como «la mejor escena de batalla de todos los tiempos».

Parecida, pero no igual, fue la reciente película de Christopher Nolan, *Dunkerque*, que ha sido nombrada como una de las mejores películas del siglo XXI por la revista *IndieWire*. A diferencia de *Salvando al soldado Ryan*, los personajes de *Dunkerque* son muy simples y no hay mucho diálogo entre ellos. En cambio, el tema central se basa en la increíble y creciente tensión de banda sonora, y en las estremecedoras escenas de acción, llenas de explosiones y balaceras. Todo esto formaba parte del plan de Christopher Nolan para capturar el vacío y la brutalidad de la Segunda Guerra Mundial. El *Hollywood Reporter* lo llamó «impresionista» porque capturó el «sentimiento» de la guerra, en vez de contar otra historia más.

De modo que, estas películas tienen dos enfoques extremadamente diferentes para contar las historias de la Segunda Guerra Mundial, donde *Salvando al soldado Ryan* trata sobre las personas y la humanidad que quedaron atrapadas en el combate; mientras que *Dunkerque* trata sobre la brutalidad fría de la guerra. Pero ambas tienen un propósito muy similar: hacer que el corazón de la audiencia se acelere y (ojalá) llenarles de una sensación de heroísmo trágico.

Otras películas en esta línea incluyen: *Pearl Harbour*, de Michael Bay; *Bastardos sin gloria*, de Quentin Tarantino; y *Milagro en Santa Ana*, de Spike Lee. ¡La Segunda Guerra Mundial es siempre un tópico popular para los productores cinematográficos de gran envergadura!

Influencias

Aunque no hay escasez de películas explícitamente sobre la Segunda Guerra Mundial, hay aún más que usan la imaginería y la «historia» de la guerra para hacer destacar una película no relacionada.

Por ejemplo, aquí va una película que usted, probablemente, haya visto: *El Rey León,* de Disney. Fue la película animada más taquillera de todos los tiempos cuando salió, en 1994, y cuenta la historia de un león cachorro, cuyo padre, el rey de las Tierras del Reino es asesinado a manos de su malvado y astuto hermano, Scar.

¿Cómo sabemos que Scar es malvado? Bueno, por una cosa: mata a su hermano. Pero, incluso antes de eso, podemos ver un dramático número musical donde Scar relata sus planes mientras se pontifica sobre un podio elevado, mirando desde arriba a un mar de todos sus subordinados (hienas) marchando en una estrecha formación. Puede que no lo notara de niño, pero, si la vuelve a ver ahora, será difícil no ver cómo los animadores de Disney se inspiraron en las famosas imágenes de Hitler donde habla en los Congresos de Núremberg, cuando crearon esa escena.

Otros directores son incluso más explícitos, como Richard Loncraine, en su versión de la obra de Shakespeare *Ricardo III* que protagoniza Sir Patrick Stewart (famoso por *Star Trek* y *X-Men*). Desde el saludo con un brazo de Patrick Stewart hasta las banderas rojas con un círculo blanco y un símbolo negro, todo sobre el personaje del gobierno tirano de Ricardo III refleja al partido nazi.

¡Tanto Loncraine como Disney sabían qué hacer para que la audiencia pensara en los nazis, es la forma más rápida de hacerles creer que tu villano es malo!

Nazisploitation: el Salón **Kitty y sus imitadores**

La mayor parte del tiempo, hacer que tu audiencia piense en los nazis es una manera rápida de transmitirles que tu villano es malo. Pero, a veces, se consiguen hacer películas que tienen un… enfoque diferente de la imaginería nazi.

Entre los subgéneros más extraños de películas relacionadas con la Segunda Guerra Mundial se encuentra el género «*Nazisploitation*», con imágenes hipersexualizadas, normalmente combinadas con temas sadomasoquistas, sexo y violencia gráfica, para crear representaciones pornográficas moderadas o explícitas de la Segunda Guerra Mundial.

¿Recuerda el Salón Kitty, el burdel nazi en Berlín sobre el que hablamos en el capítulo cuatro? ¡Hubo una película sobre ello! En 1976, el director de cine italiano Tinto Brass dirigió *Salón Kitty* como un *thriller* erótico sobre prostitutas que espían a los clientes en su burdel. Fue una coproducción italiana, francesa y alemana, y, en su versión original, incluía temas políticos serios, que fueron suavizados para su lanzamiento en Estados Unidos, donde se promocionó como una película directamente de «explotación» sexual.

No eran pocos los imitadores, la mayoría de los cuales eliminaron los temas políticos y el contexto «basado en una historia real», reemplazándolos por escenas incluso más exageradas de sadomasoquismo y mujeres con faldas cortas o variaciones de corte bajo de los uniformes de *Stormtrooper*.

Por decir lo menos, es un género polémico.

El Diario de Ana Frank

El Diario de Ana Frank, también publicado como *Diario de una joven*, es uno de los diarios más famosos de la historia. Ana Frank fue una niña alemana que creció en los Países Bajos, quien, a la edad de 13 años, se escondió con su familia. Alemania estaba ocupando los Países Bajos y, como Ana Frank y su familia eran judíos, eran objeto de las leyes racistas nazis, como la de que los judíos no eran ciudadanos legales y estaban sujetos a ser obligados a ir a los campos de concentración.

Ana y su familia, junto con otras personas, se escondieron en varias habitaciones secretas ocultas por una estantería, sobre un conjunto de oficinas. Las personas que ayudaron a ocultarles podían haberse enfrentado a la pena de muerte, ya que proteger a las personas del régimen nazi era un delito capital.

En agosto de 1944, dos años después de esconderse, Ana y su familia fueron descubiertos y enviados a campos de concentración. Solo su padre sobrevivió para ver el final de la guerra.

Mientras estaba escondida, Ana mantuvo un diario detallado, que se ha convertido en un clásico. Aunque tan solo estaba en sus primeros años de adolescencia en aquel momento, la escritura de Ana era muy detallada y poderosa, y dedicó bastante tiempo a escribir y editar sus anotaciones. Estas hablaban sobre la guerra, la vida en el «anexo secreto» o habitaciones secretas, y sobre sus pensamientos sobre la naturaleza humana. Una de sus citas más conmovedoras fue cuando escribió: «a pesar de todo, todavía creo que las personas son realmente buenas de corazón… Si miro al cielo, creo que todo acabará saliendo bien, que esta crueldad también acabará, y que la paz y tranquilidad volverán de nuevo».

Elie Wiesel

Otra memoria conmovedora del Holocausto fue escrita por Elie Wiesel, quien nació en Rumania un año antes que Ana, y quien escribió la famosa memoria *La noche*, sobre sus experiencias en dos campos de concentración, Auschwitz y Buchenwald.

Mientras que Ana hablaba en su diario sobre su fe en la bondad fundamental de la humanidad, *La noche* cuenta la experiencia de Wiesel de cuando le forzaron a cuidar de su desvalido padre en los campos de concentración.

Wiesel llamó *La noche* a su «declaración», una confesión o testimonio, debido a sus sentimientos de culpa y rabia por las cosas horribles que le pasaron. Después continuó escribiendo dos libros más, titulados *El alba* y *El día*, que cuentan la experiencia de los supervivientes del Holocausto después de la guerra (basadas, en distinta medida, en el mismo Wiesel, pero que no son completamente autobiográficas).

Wiesel dijo, acerca del Holocausto, que «Todo llegaba a un fin: el hombre, la historia, la literatura, la religión, Dios. No quedaba nada más. Y, aun así, comenzamos de nuevo con la noche», que es como eligió el título de su libro. En el judaísmo, el tiempo comienza a medirse al caer la noche; es por eso, por lo que Wiesel contó su historia con la idea de que la Segunda Guerra Mundial era la noche que tenía que suceder antes de un nuevo día.

La polémica de los libros de texto sobre la historia de Japón

Alemania se ha esforzado mucho en la última mitad del siglo para asegurarse de que sus estudiantes estén educados a fondo sobre la Segunda Guerra Mundial. Los estudiantes leen relatos de primera mano, como la memoria de Wiesel o el diario de Frank. Es visto como un tema muy serio, y las atrocidades que cometió el ejército nazi se debaten y se comprenden seriamente.

En cambio, los libros de texto japoneses han enfrentado cierta polémica por dejar de lado información sobre los crímenes de lesa humanidad que tuvieron lugar a principios de la Segunda Guerra Mundial. Se les acusó de omitir información crucial y de «encubrir» las acciones del ejército japonés, especialmente contra China en los años 30.

La Sociedad Japonesa para la Reforma de Libros de Texto de Historia es un grupo «revisionista» conservador que promueve el nacionalismo japonés por encima de todas las cosas. En 2005, escribieron su propio libro de texto de historia, llamado el *Nuevo libro de texto de historia*. Entre otras cosas, resume la masacre de Nankín en una nota al pie de página que dice:

En aquella época, muchos soldados y civiles chinos fueron asesinados o resultaron heridos por parte de las tropas japonesas (el incidente de Nankín). Las evidencias documentales han puesto en duda el número real de víctimas declarados por el incidente.

En caso de que haya olvidado el capítulo uno, las estimaciones sobre el número real de víctimas fueron entre 200.000 y 500.000.

El libro de texto dice también:

Los soldados japoneses expulsaron a las fuerzas de Europa occidental, que habían colonizado las naciones de Asia durante muchos años. Nos sorprendieron, porque no pensábamos que pudiésemos derrotar al hombre blanco, y nos inspiraron con confianza.

Aunque es verdad que las naciones europeas tuvieron, por supuesto, países asiáticos colonizados (y también trataron muy mal a estos países colonizados), esa no es una gran razón para inspirarte por un ejército que se posicionó con Hitler y cometió miles de crímenes de guerra. Hay mejores modelos a seguir allá afuera.

¿Cómo lidiamos con la Segunda Guerra Mundial?

Guste o no, la Segunda Guerra Mundial ha cambiado nuestro mundo para siempre. Ha inspirado grandes obras de literatura, incluyendo memorias verdaderas y relatos de sucesos de personas que realmente vivieron todo aquello (solo hemos hablado de dos de ellos, pero ¡ha habido cientos de autobiografías de personas involucradas en cada parte de la guerra!). También ha cambiado el mundo del cine, ya que ahora es uno de los escenarios cinematográficos más populares y ha inspirado miles de películas, series y documentales de todo el mundo. No hubiéramos tenido las películas de James Bond sin la Segunda Guerra Mundial. ¿Contra quién hubiese trabajado al principio si no fuese con los nazis y los soviéticos?

Fuera del ámbito de los medios de comunicación, fue la Segunda Guerra Mundial la que sentó las bases para todo lo que sucedió en el resto del siglo XX. Hizo que la gente quisiera actuar de ciertas maneras muy específicas, lo que llevó a la «era de la conformidad» de los años 50; a la que siguió la rebelión, a finales de los años 50, 60 y 70 de los hippies y movimientos por la paz. También estableció la carrera de Estados Unidos y la Unión Soviética por las armas nucleares, que tendría a los civiles mordiéndose las uñas durante décadas, preocupados por una «destrucción mutua asegurada».

Al aprender sobre la Segunda Guerra Mundial, ¡ahora podrá entender, un poco mejor, por qué el mundo es como es hoy en día!

CURIOSIDADES

1. Una de las películas artísticas de Fritz Lang de 1930, *M*, introdujo la idea de marcar a un criminal depravado poniéndole un símbolo en su ropa. Aunque Lang no era fascista, y Hitler de hecho le odiaba a él y a sus películas, la idea de poner un símbolo en la ropa de alguien para marcarlo como «malos» fue una de las ideas que los nazis acabaron utilizando.

2. Charlie Chaplin estaba en la lista oficial de asesinatos de Adolf Hitler por la representación que hizo de Hitler de un maniaco incompetente y gritón en la película *El gran dictador*, ¡el primer papel hablado de Chaplin!

3. En *El gran dictador*, en vez de utilizar el verdadero nombre de Hitler, se le llamó «Adenoid Hynkle». Sin embargo, aunque cambiaron los nombres de muchas personas y grupos en la película por versiones similares «de marca blanca», las víctimas de la película siguen siendo el pueblo judío, y su difícil situación se trata muy seriamente.

4. Helene «Leni» Riefenstahl se encargaba de realizar las películas de propaganda nazi, como *El triunfo de la voluntad* y *Olympia*. Sus películas se han censurado en muchos lugares por su

contenido de incitación al odio, pero también se han enseñado como ejemplo de cómo funciona la propaganda. Murió en 2003, a la edad de 101 años.

5. Aunque la inmensa mayoría de películas y libros inspirados en la Segunda Guerra Mundial han sido muy serios, ha habido algunos de contenido humorístico. Dos de los más conocidos son la historia curiosamente alegre del campo de concentración en *La vida es bella* y la clásica comedia de Mel Brooks *Los productores*, que trata sobre dos productores que montan un espectáculo llamado *Primavera para Hitler*.

6. *Salvando al soldado Ryan* fue la película sobre la Segunda Guerra Mundial más taquillera de todos los tiempos, recaudando más de 216 millones de dólares… hasta que *Dunkerque* la desbancó con 462 millones.

7. El ataque en Dunkerque, que se exageró en la película de Nolan *Dunkerque*, fue detenido por Hitler, quien creía que su fuerza aérea podría encargarse de ello sin la ayuda de los soldados terrestres. ¡No solo se equivocó, sino que Nolan ni siquiera lo menciona en la película! De hecho, el nombre de Hitler no se menciona ni una sola vez en toda la película.

8. En Alemania, la Segunda Guerra Mundial forma gran parte del programa de historia. Los

estudiantes alemanes leen relatos de primera mano de soldados y víctimas, tanto en los campos como en el frente. Se considera muy importante que los niños entiendan la historia, para que no permitan que vuelva a suceder. Estos relatos son conocidos por ser muy inquietantes, pero son importantes de entender.

9. Los edificios que Hitler y los nazis utilizaron en Núremberg para los congresos son ahora un museo sobre los horrores de la Segunda Guerra Mundial.

10. Mientras que en Estados Unidos se dice «World War Two», en Canadá e Inglaterra se llama «Second World War».

11. Ana Frank tenía planes de convertir su diario en una novela después de la guerra. Quería llamarla *El anexo secreto.*

12. Nadie sabe quién informó a la SS sobre dónde estaban escondidos Ana Frank y su familia.

13. El diario de Ana Frank es uno de los libros censurados con más regularidad en el mundo. Algunas de las razones realmente no sorprenden: es un libro increíblemente triste, escrito por una niña, durante la peor guerra de la historia de la humanidad. Pero hay otra razón mucho más extraña. A algunas personas no les gusta el hecho de que Ana, como cualquier otra niña que escribe

en su diario, ¡hace observaciones explícitas sobre su vagina!

14. En 1986, Elie Wiesel ganó el Premio Nobel de la Paz por sus trabajos contra la violencia racial y la represión.

15. *La noche* de Elie Wiesel se ha publicado en más de treinta idiomas (el mismo Wiesel hizo las versiones de yiddish y francés), pero, aunque Wiesel ha ganado docenas de premios, el propio libro no ha ganado ninguno. ¡Vaya descuido!

16. El eslogan de la Sociedad Japonesa por la Reforma de Libros de Texto de Historia es «dadles a los niños los libros de texto de historia correctos». Solo que su idea de lo *correcto* es un tanto cuestionable.

17. El resto del mundo no es inmune a la polémica sobre cuál es la versión «correcta» de la Segunda Guerra Mundial. Como con cualquier cosa en la historia, hay lagunas y cosas que no tienen sentido. Pero eso no justifica el movimiento de personas que creen que el Holocausto fue una farsa. Llamados «negadores del Holocausto», creen que los nazis solo querían deportar, no asesinar, a la población judía y, a pesar de la evidencia, tanto en vídeos como por escrito, dicen que los campos de la muerte no eran reales en absoluto o que se exageran. Para ser claros: sí, el Holocausto *sí* sucedió.

18. La negación del Holocausto, de hecho, es ilegal en Alemania, así como en Austria, Hungría y Rumania, los cuales fueron todos Potencias del Eje. Se considera un tipo de discurso de odio antisemita, ya que aquellos que niegan el Holocausto suelen culpar a los judíos de «inventarse» el Holocausto.

19. En Estados Unidos y Reino Unido es legal, pero, si vive en uno de estos lugares, aún debería intentar emplear sus conocimientos para educar a sus amigos sobre por qué tuvo lugar la Segunda Guerra Mundial, ¡en vez de permitir que cualquiera que conozca sea absorbido por las ideas de los negadores!

20. Cuando estalló la siguiente gran guerra después de la Segunda Guerra Mundial (la Guerra de Corea), Clint Eastwood dijo, ilustremente: «Esperen un momento, ¿no acabamos de pasar por esto?»

PÓNGASE A PRUEBA: PREGUNTAS Y RESPUESTAS

1. ¿Qué países principales se preocuparon por las armas nucleares después de la Segunda Guerra Mundial?

    a. Estados Unidos y la Unión Soviética
    b. Gran Bretaña y Francia
    c. Alemania y Japón

2. ¿Qué fue la Generación Beat?

    a. La generación de soldados que fueron derrotados en la Segunda Guerra Mundial
    b. Una banda de percusión que utilizó las marchas de la Segunda Guerra Mundial para inspirarse
    c. Un grupo de artistas que se rebelaron contra la conformidad después de la Segunda Guerra Mundial

3. ¿Qué película no hizo Leni Riefenstahl?

    a. *El triunfo de la voluntad*
    b. *Olympia*
    c. *Metrópolis*

4. ¿Con cuál de estas superestrellas del cine *no* tuvo ningún problema Hitler?

    a. Charlie Chaplin
    b. Mel Brooks
    c. Fritz Lang

5. ¿Cuál de las siguientes películas sobre la Segunda
   Guerra Mundial fue la más taquillera?

   a. *Dunkerque*
   b. *Salvando al Soldado Ryan*
   c. *Pearl Harbour*

Respuestas

1. a
2. c
3. c
4. b
5. a

www.ingramcontent.com/pod-product-compliance
Lightning Source LLC
Chambersburg PA
CBHW061758250726
48657CB00001B/179